神仙传 造化的钥匙

高大鹏 编著

江苏凤凰文艺出版社

图书在版编目（CIP）数据

神仙传：造化的钥匙 / 高大鹏编著. -- 南京：江苏凤凰文艺出版社，2024. 6. -- ISBN 978-7-5594-8793-3

Ⅰ. B933

中国国家版本馆CIP数据核字第2024D9K012号

著作权合同登记号：10-2024-109

版权所有 © 时报文化出版公司

本书版权经由时报文化出版公司授权北京时代华语国际传媒股份有限公司简体中文版，委托英商安德鲁纳伯格联合国际有限公司代理授权。非经书面同意，不得以任何形式任意重制、转载。

神仙传：造化的钥匙

高大鹏　编著

责任编辑	项雷达
图书策划	宁炳辉　姜得棋
特约编辑	吕新月
装帧设计	时代华语设计组
出版发行	江苏凤凰文艺出版社
	南京市中央路165号，邮编：210009
网　　址	http://www.jswenyi.com
印　　刷	唐山富达印务有限公司
开　　本	880毫米×1230毫米　1/32
印　　张	7.75
字　　数	170千字
版　　次	2024年6月第1版
印　　次	2024年6月第1次印刷
书　　号	ISBN 978-7-5594-8793-3
定　　价	56.00元

江苏凤凰文艺版图书凡印刷、装订错误，可向出版社调换，联系电话025-83280257

总序
用经典滋养灵魂

龚鹏程

每个民族都有它自己的经典。经,指其所载之内容足以作为后世的纲维;典,谓其可为典范。因此它常被视为一切知识、价值观、世界观的依据或来源。早期只典守在神巫和大僚手上,后来则成为该民族累世传习、讽诵不辍的基本典籍,或称核心典籍,甚至是"圣书"。

中国文化总体上的经典是六经:《诗》《书》《礼》《乐》《易》《春秋》。依此而发展出来的各个学门或学派,另有其专业上的经典,如墨家有其《墨经》。老子后学也将其书视为经,战国时便开始有人替它作传、作解。兵家则有其《武经七书》。算家亦有《周髀算经》等所谓《算经十书》。流衍所及,竟至喝酒有《酒经》,饮茶有《茶经》,下棋有《弈经》,相鹤相马相牛亦皆有经。此类支流稗末,固然不能与六经相比肩,但它们代表了在各自那一个领域中的核心知识地位,是很显然的。

我国历代教育和社会文化,就是以六经为基础来发展的。直到清末废科举、立学堂以后才产生剧变。但当时新设的学堂虽仿洋制,却仍保留了读经课程,以示根本未隳。辛亥革命后,蔡元培担任教育总长才开始废除读经。接着,他主持北京大学时出现的新文化运动更进一步发起对传统文化的攻击。趋势竟由废弃文言，提倡白话文学，一直走到深入的反传统中去。

台湾的教育发展和社会文化意识，其实也一直以延续五四精神自居，故其反传统气氛及其体现于教育结构中者，与大陆不过程度略异而已，仅是社会中还遗存着若干传统社会的礼俗及观念罢了。后来，台湾才惕然警醒，开始提倡"文化复兴运动"，在学校课程中增加了经典的内容。但不叫读经，乃是摘选"四书"为《中国文化基本教材》，以为补充。另成立"文化复兴委员会"，开始做经典的白话注释，向社会推广。

文化复兴运动之功过，诚乎难言，此处也不必细说，总之是虽调整了西化的方向及反传统的势能，但对社会民众的文化意识，还没能起到普遍警醒的作用；了解传统、阅读经典，也还没成为风气或行动。

20世纪70年代后期，高信疆、柯元馨夫妇接掌了当时台湾第一大报《中国时报》的副刊与出版社编务，针对这个现象，遂策划了《中国历代经典宝库》这一大套书。精选影响人们最为深远的典籍，包括了六经及诸子、文艺各领域的经典，遍邀名家为之疏解，并附录原文以供参照，一时社会震动，风气丕变。

其所以震动社会，原因一是典籍选得精切。不蔓不枝，能体现传统文化的基本匡廓。二是体例确实。经典篇幅广狭不一、深浅悬隔，如《资治通鉴》那么庞大，《尚书》那么深奥，它们跟小说戏曲是截然不同的。如何在一套书里，用类似的体例来处理，很可以看出编辑人的功力。三是作者群涵盖了几乎全台湾的学术精英，群策群力，全面动员。这也是过去所没有的。四是编审严格。大部丛书，作者庞杂，集稿统稿就十分重要，否则便会出现良莠不齐之现象。这套书虽广征名家撰作,但在审定正讹、统一文字风格方面,确乎花了极大气力。再加上撰稿人都把这套书当成是写给自己子弟看的传家宝,写得特别矜慎,成绩当然非其他的书所能比。五是当时高信疆夫妇利用报社传播之便,将出版与报纸媒体做了最好、最彻底的结合,使得这套书成了家喻户晓、众所翘盼的文化甘霖,人人都想一沾法雨。六是当时出版采用豪华的小牛皮烫金装帧,精美大方,辅以雕花木柜。虽所费不赀,却是经济刚刚腾飞时一个中产家庭最好的文化陈设,书香家庭的想象,由此开始落实。许多家庭乃因买进这套书,仿佛种下了诗礼传家的根。

高先生综理编务,辅佐实际的是周安托兄。两君都是诗人,且侠情肝胆照人。中华文化复起、国魂再振、民气方舒,则是他们的理想,因此编这套书,似乎就是一场织梦之旅,号称传承经典,实则意拟宏开未来。

我很幸运,也曾参与到这一场歌唱青春的行列中,去贡献微末。先是与林明峪共同参与黄庆萱老师改写《西游记》的工作,继而再协助安托统稿,推敲是非,斟酌文辞。对整套书说不上有什么助益,自己倒是收获良多。

书成之后,好评如潮,数十年来一再改版翻印,直到现在。经典常读常新,当时对经典的现代解读目前也仍未过时,依旧在散光发热,滋养民族新一代的灵魂。只不过光阴毕竟可畏,安托与信疆俱已逝去,来不及看到他们播下的种子继续发芽生长了。

当年参与这套书的人很多,我仅是其中一员小将。聊述战场,回思天宝,所见不过如此,其实说不清楚它的实况。但这个小侧写,或许有助于今日阅读这套书的读者理解该书的价值与出版经纬,是为序。

致读者书

高大鹏

亲爱的朋友：

谈起中国文化，大家都知道儒家和道家是影响我们最大的两种思想，然而从历史上看，比儒道起源更早、流传更广的似乎是神仙思想。儒道是春秋战国时期才正式发达起来的，但是早在秦汉以前，远溯到三代以上，我们中国就有了神仙的思想，比如说华夏的始祖黄帝，他在古史传说中就是神仙，他能跨龙骑凤，铸鼎修炼。当然，这也许只是想象，但是中国文化在最初，确实受过中亚原始宗教的影响，因此在殷、商以前就有了天和神的观念，民间更是充满这一类神奇的传说，后来虽然周朝费了很大的力气用人本主义来廓清这种鬼神信仰，但是它对民间的影响却根深蒂固，越传越远，后来老、庄的思想和方士的鼓吹更给它增添了莫大的助力，道教形成以后，神仙思想更是有组织、有系统地发展壮大了。道士们的目的当然是修仙，但是神仙思想和道教并不完全是合二而一的，道教只是神仙的一支，神仙思想更重要的一支是民间信仰，这里面包括原始宗教的遗迹、历史人物、传说等，成分非常复杂。当佛教传入中土以后，它又容纳了大量的佛教人物，到了最后，几乎是任何圣贤豪杰，只要有功于天下百姓，民间都会奉之为神仙，慢慢地，神仙就成了一个集合名词、一个通称，用以代表所有伟人，这些伟人加上神话的渲染，就都成了神仙。

中国的神仙虽然与原始宗教有关，并且接受了外来佛教的影响，但是在中国文化的陶融之下，它有几个特色：第一，它十分具有人情味。王母娘娘的寿桃、李铁拐的跛脚、安期生的枣瓜，还有许多仙人的酒葫芦，这些都是日常生活中随处可见的东西，神仙却能使之化腐朽为神奇，显示"道不远人""密在汝边"的道理。第二，诗意的境界。中国是一个诗的民族，神仙故事也处处洋溢着诗情画意。比如萧史吹箫引凤，吕洞宾朗吟题诗，八仙过海的佳话更是千古传诵。仙人多半隐居深山，大自然的美景淑气以及神仙的变化莫测都具有诗的本质，最出名的诗人李白，不就是以谪仙的姿态出现的吗？由于神仙思想刺激了中国人的想象力，因此对中国艺术，特别是山水画有很大的影响。第三，道德感的强调。仙人虽然高蹈远引、不食人间烟火，但是修仙的内在基础却是道德的实践。老子的书名为《道德经》，葛洪的《抱朴子》，以及《道藏》中都有教人忠孝仁爱的内容。道教中要人守戒、行善、积德，这些都说明道德是修行的根本。在民间所信奉的神明当中，多半是忠臣烈士、圣贤豪杰，妈祖、关公、岳飞等，无一不是道德的化身。直到现在民间还流传着的《太上感应篇》《功过格》等"宝训"中，主要强调的都是道德。在中国，没有道德的神仙是不可想象的，只有功德圆满才有成仙的资格。

在神仙故事中有许多神奇怪异的情节，这些不一定是真有其事，一部分是传说所致，一部分是迷信，一部分则具有寓言的象征意义。用现代科学眼光来看，多半都站不住脚，但值得注意的是，从这些神奇处，我们可以看出先民心里的愿望、广大民众的梦想。它是经过化装的欲望，是一种象征的语言，有如一套密码，它不是没有意义，只是由于深奥晦涩，需要经过翻译解析才能被人们所了解。这一方面现代神话学已经有很多研究，我们虽不能一一介绍，但只要知道，这些神话部分不全是无意义就够了。神仙故事如诗如梦，它的意义不能，也不宜完全说破。这是读者在阅读本书前应该有的一个基本认识。

给神仙正式立传，最早的是汉代刘向的《列仙传》，继起的有晋葛洪的《神仙传》。历代的神仙传说除了散见在正史中的以外，还有许多笔记小说、戏曲传奇之中而成为民间信仰的。再有就是道藏中的道士，这是比较有系统有传承的记录。到了明代，王世贞根据许多材料编成《列仙全传》，把自古至明的仙人都写了进去，本书主要就是根据这本书加以改编成的。读者如果有进一步探讨的兴趣，可以看《历世真仙体道通鉴》《神仙鉴》《绘图三教源流搜神大全》等。在研究数据方面，可以参考沈平山著《中国神明概论》，郭立诚著《行神研究》，钟华操著《台湾地区神明的由来》，日本学者村上嘉实著、柳于智译之《中国的仙人》（本书主要是《抱朴子》之研究）。在道教方面，可参看：小柳司气太著、陈斌和译之《道教概说》，许地山著《道教史》，傅勤家著《中国道教史》，周绍贤著《道家与神仙》等。

今天我们讨论神仙，当然无意宣传神仙信仰，更不是为道教传教。主要目的，还在于介绍神仙思想在古代中国所发生的影响，并且给它一个较客观的评价，挖掘出更丰富的内涵和意蕴。在科技一日千里飞跃进步的现代世界，神仙思想在可以预见的未来是注定没落而一去不返的了，然而这并不能抹杀它在历史上的贡献和价值，事实上神仙思想中的许多理想不但被科技证明了，有些甚至由科技得以实现，当然，有些部分也被科学所推翻。文明在进步，这是可喜的，我们大可不必为神仙思想的式微而悲哀，它已经完成了它的历史任务，作为继起者，我们正应该从他们止步的地方出发。只是当我们在回顾历史云烟的同时，要有一份同情的了解和欣赏的态度，而不必急着去批判和否定。毕竟，神仙思想代表中国人过去所向往的一种人生境界，一份超乎饮食男女、形骸物欲之上的向往。"英雄回首即神仙"，真正豪杰的伟大处或在于他能淡泊这份伟大，将惊天动地的事业以云淡风轻的态度处之。"以出世之心做入世之事"，这便是中国历代豪杰之士万古不废的薪传吧！

目录

上篇　神仙的故事

老子 / 003
东王公 / 005
西王母 / 006
上元夫人 / 007
赤松子 / 008
洪崖先生 / 009
马师皇 / 009
务光 / 010
孟岐 / 011
匡裕 / 012
彭祖 / 012
青乌公 / 013
吕尚 / 013
范蠡 / 014
刘越 / 015
葛由 / 015
彭宗 / 016
王子乔 / 016
沈羲 / 017

周亮 / 018
亢仓子 / 019
琴高 / 020
负局先生 / 020
列子 / 021
庄子 / 021
丁令威 / 022
折象 / 022
宋伦 / 023
玉子 / 023
太阳子 / 024
太玄女 / 024
祝鸡翁 / 025
古丈夫与毛女 / 025
徐福 / 026
黄石公 / 026
鬼谷子 / 027
茅濛 / 028
萧史 / 028

目录

蔡女仙 / 029

白石生 / 029

涉正 / 030

安期生 / 030

修羊公 / 031

司马季主 / 031

尹澄 / 032

刘安 / 032

缑仙姑 / 034

金申 / 035

苏耽 / 035

东方朔 / 036

黄安 / 038

郭琼 / 038

拳夫人 / 039

程伟妻 / 039

庄君平 / 040

蓟子训 / 040

阴长生 / 041

栾巴 / 041

毛伯道与刘道恭 / 042

赵丙 / 042

庄伯微 / 043

江妃二女 / 043

刘根 / 044

梅福 / 045

魏伯阳 / 045

王老 / 046

刘晨 / 047

王乔 / 048

张道陵 / 049

王远 / 051

蔡经 / 052

子英 / 053

董奉 / 054

介象 / 054

李阿 / 056

左慈 / 057

王梵志 / 058

黄初平 / 059

目录

兰公 / 059

费长房 / 060

王质 / 063

蓬球 / 063

孙登 / 064

葛玄 / 065

吴猛 / 067

吴彩鸾 / 067

许逊 / 068

郑思远 / 075

郭璞 / 076

麻姑 / 079

葛洪 / 079

黄野人 / 080

范豹 / 081

刘纲 / 082

东陵圣母 / 083

交趾道士 / 083

王玄甫 / 084

谢仲初 / 084

王嘉 / 085

扈谦 / 086

麻衣子 / 087

鄷去奢 / 088

陶弘景 / 090

桓闿 / 093

鹿皮翁 / 094

寇谦之 / 094

白鹤道人 / 096

王延 / 096

季顺兴 / 097

孙思邈 / 097

崔之道 / 101

徐则 / 101

崔子玉 / 102

匡智 / 105

明崇俨 / 105

韦善俊 / 106

王帽仙 / 107

王遥 / 107

目录

司马承祯 / 108
班孟 / 110
邬通微 / 110
许宣平 / 111
聂师道 / 112
傅先生 / 113
王可交 / 113
李筌 / 114
李白 / 115
李长者 / 116
懒残 / 117
王皎 / 117
邢和璞 / 118
吴道子 / 120
罗公远 / 121
申泰芝 / 122
薛昌 / 123
薛季昌 / 123
徐佐卿 / 124
武攸绪 / 124
裴玄静 / 125
帛和 / 125
张氲 / 126
赵惠宗 / 127
王昌遇 / 127
颜真卿 / 128
张志和 / 129
李贺 / 130
瑕丘仲 / 131
江叟 / 132
许栖岩 / 133
俞灵瑣 / 135
李珏 / 136
伊祁玄解 / 136
郑全福 / 138
柳实与元彻 / 138
卢山人 / 141
裴航 / 143
侯道华 / 146
廖师 / 147

目录

刘德本 / 148
何令通 / 148
麻衣仙姑 / 149
尔朱洞 / 150
陈抟 / 151
刘玄英 / 156
苏澄隐 / 157
张九哥 / 158
马湘 / 158
王鼎 / 159
侯先生 / 160
张栢端 / 160
徐问真 / 162
申屠有涯 / 162
雷隐翁 / 163
莎衣道人 / 163
王文卿 / 164
刘益 / 164
孙卖鱼 / 165
魏二翁 / 165

林灵素 / 166
李鼻涕 / 171
王嚞 / 172
马钰 / 173
孙仙姑 / 175
谭处端 / 175
唐广真 / 177
丘处机 / 177
郝大通 / 178
訾旦 / 179
卖姜翁 / 179
朱橘 / 180
王处一 / 182
颜笔仙 / 183
莫月鼎 / 184
张三丰 / 185
张中 / 186
周颠仙 / 187
冷谦 / 189
翟天师 / 190

目录

八仙的故事 / 190
五岳大帝 / 202
文昌帝君 / 204
关圣帝君 / 205
保生大帝 / 207

清水祖师 / 208
妈祖 / 209
注生娘娘 / 211
月下老人 / 213

下篇　论中国的神仙思想

一、增进了中国文化的活力和潜能 / 226
二、提高了中国文化的意境 / 227
三、刺激了民族的想象 / 228
四、减轻了专制的压力 / 228
五、凝聚了民族的精神 / 230

上篇　神仙的故事

青山云水窟，此地是吾家。
傍夜餐琼液，凌晨咀绛霞。
琴弹碧玉调，炉炼白朱砂。
宝鼎存金虎，玄田养白鸦。
一瓢藏造化，三尺斩妖邪。
解造逡巡酒，能开顷刻花。
有人能学我，同共看仙葩。

——韩湘《言志》

老子

老子，在道教里称他"太上老君"，在过去民间以及许多的小说戏曲当中也是这样称呼他。据《混沌图》记载，远在三皇之初，老子化为万法天师，中三皇时为盘古先生，伏羲时为郁华子，女娲时为郁密子，神农时为太成子，轩辕时为广成子，少皞时为随应子，颛帝时为赤精子，帝喾时为录图子，尧时为务成子，舜时为尹寿子，禹时为真行子，汤时为锡则子。老君虽然累世化身，但从来没有人知道他的诞辰和来历。一直要等到商代阳甲即位时他始分神化气，托胎于玄妙王女儿的体内，怀孕八十一年之久，然后才在武丁朝庚辰二月十五日卯时，降生在楚国苦县濑乡曲仁里。那一天这个有史以来怀孕最久的奇婴居然不循正路，而从妈妈的左手臂下钻出来，并且正巧降生在一棵李树下面，于是他就指着树说："这就是我的姓呢！"老子姓李的传说就是这么来的。

老子出生时长相很特别，白发、黄脸，白色的额上布满纹理，头角峥嵘，长长的耳朵，方方的眼睛。最奇怪的是，刚出生他已经是满颊胡须，完全是一个美髯老公公的模样，也有人说，就是因为这个缘故，所以称他老子呢！

老子本名李耳，字伯阳，号老子，又号老聃。周文王为西伯时曾召他做守藏史的官，管理内宫的藏书。周武王时他任柱下史，这是一个掌管典章文物的官职，他一直做到周成王的时代。后来传说他在昭王时代辞官归隐，又在昭王二十三年，骑着青牛车往函谷关去。守关的令尹喜也是好道术的人，老子还没有到达，他就看见有一团紫气由东直往西来，于是大喜过望，推想必然是有大圣人要来了，就亲自出来欢迎他，并且向老子问道。据说老子就是在这里写下了他那本有名的《道德经》。老子为什么要出关呢？有人说是他已经看出周朝要乱了，所以想远隐他方。但也有人说他西出函谷关，是去西域推行他的教化主张。甚至还有人说他是到印度一带去教导后来的佛祖释迦牟尼，有些道士就据此称老子是佛祖的老师。为了逼真，他们居然还伪造了一本《老子化胡经》，当然这就太离谱了！但有一件事虽然不能找到确凿的证据，倒是可信得多，据说在周敬王十七年，孔子曾经问道于老子，老子劝这位青年朋友要收敛锋芒，要懂得大智若愚的道理，这就好像大财主善于隐藏财富一样。孔子聆教之后出来赞叹说："鸟，我知道它能飞；鱼，我知道它会游；兽，我知道它能走；至于龙，出没于风云之上就难测了，我今天所看见的老子，他不就是一条龙吗？"由此可见孔子对这位老前辈心折的程度，因此民间也一直流传着《孔子问礼图》，画着年轻的学者向一位须眉皆苍的老者鞠躬下问，他们身边各有车辆和随从，青年当然是孔子，老者自然就是老子了。这是儒家和道家的一次大聚会，很精彩很动人的一幕，也是意味深长、令人回味不尽的一幕！

周赧王九年，老子出散关，飞升到昆仑山上，也就是众神之山，据说在秦朝时候，他又降生在峡河之滨，号为河上公，授道给安期生，后者也成了有名的神仙。汉文帝时，又化为广成子。文帝一向好读老子，就遣人去召他问道，广成子说："道德是最尊最贵、至高无上的，哪里可以听人使唤。"于是文帝就亲自御驾前往拜访。但是文帝心里还是很不高兴，就对他说："天下之大都是我的领土，所有的百姓也都是我的臣民，先生虽然有道，终究是我的臣民，不但不行臣子之礼，怎么还自高自大呢？朕有能力使你在顷刻之间变穷变富！"广成子听罢，就拍手一跳，冉冉地升起在半空中，像一朵云，离地有百余丈，而停止在虚空中动也不动。久久才低下头来回答文帝说："我现在上不着天，下不着地，中不像人，哪里是谁的子民呢？陛下你怎么能令我富贵贫贱呢？"文帝看见这稀奇的一景，才觉悟原来这确是神仙不是凡人，于是赶紧下车，低头行礼，表示歉意。

像这样的故事由汉至唐一直在民间传颂不绝。唐代宗室因为姓李，于是就奉老子为"玄元皇帝"，道教也就随之成了唐的国教，盛极一时。直到今天，我们在各地道观里都还能看到他的塑像，在香烟缭绕中，受享千古。

东王公

东王公又称木公，原名叫倪，字君明。当世界还没有人类以前，他就已经化生于碧海之上、苍灵之墟了。他性情沉静、心灵澄澈，虽然表面上无作无为，实际上却能参赞造化，启迪万物。他主理世上的阳气，坐镇在东方，因此号为东王公。凡是天上地上一切男女成仙得道的人都在他管辖之内。他常在丁卯日登台观望世上各处修仙成道的情形，并定为九品：一品是九天真皇，二品是三天真皇，三品是太上真人，四品是飞天真人，五品是灵仙，六品是真人，七品是灵人，八品是飞仙，九品是仙人。这些仙人在成道升天那日，都得先拜东王公（木公），然后拜谒西王母（金母），礼拜完毕，才能升九天、入三清，参礼太上老君而观元始天尊。

汉朝初年，有一群儿童在路边一面游戏一面唱着一首童谣说："着青裙、上天门，揖金母、拜木公！"当时没有人听得懂其中的意思，只有张良听懂了，就向这群儿童行拜礼，并且告诉旁人说："这些小孩儿就是东王公的玉童呢！"

西王母

西王母也就是金母。她由西天至妙之气化生在伊川，俗姓缑（一说姓何或姓杨），名回，字婉妗，一字太虚，她掌理西方，和东王公共同统辖东西两股元气，来化育天地、陶冶万物。凡是天上地上所有得道成仙的女子都由她掌管。

西王母住在昆仑山顶的悬圃（也就是空中花园）上，一座叫阆风的苑中，一共有玉楼九层。左绕瑶池、右环翠水，她有五个侍女，分别叫：华林、媚兰、青娥、瑶姬、玉卮。传说周穆王驾八骏马西巡时曾拿着白圭玄璧等宝物来谒见西王母，西王母为他在瑶池上大设酒筵。当时西王母特别为周穆王唱了一首歌，歌词是：

白云在天，山陵自出，道里悠远，山川间之，将子无死，尚能复来！

大意是：天上有白云，地上有山陵，我们距离太远，又有山川阻隔，但愿你能长生不死，欢迎再度光临！

西汉元封元年，西王母降临于武帝殿上，并且给皇帝七枚蟠桃，自己吃两枚。武帝想要保留桃核，西王母说："这桃子是世间所没有的,三千年才结果一次呢!"这时正好东方朔在窗外偷看,西王母就指着他说:"这个小子已经来偷过三次桃子了!"当天西王母命侍女董双成吹笛,王子登弹琴,许飞琼鼓簧,安法兴高歌,共同为汉武帝做寿助兴。

当然,这只是后代小说家编造的故事而已,试想,以王母娘娘的尊贵怎么可能为世俗的帝王祝寿呢?前面说到,老子(广成子)不肯下拜汉文帝,反而要文帝来拜他,倒是比较合理、比较可能。之所以有西王母这段下凡做寿的故事,完全是因为汉武帝好神仙又好大喜功,底下的佞臣为了助兴而编造出来取悦他的。事实上汉武帝的一世英明就是毁在他妄求神仙上的,他晚年误杀太子险些闹出政变,不正说明了迷信之害?他自己在临终前也悔悟到这一点。神仙的真谛绝非欲望的延伸,相反的,倒是欲望的净化和升华。但是像汉武帝或秦始皇那样,以为仙道就是人欲的无限延伸、彻底满足,那真是南辕北辙、缘木求鱼了,不但神仙求不到,最后还赔上了生命、赔上了宗庙,甚至赔上了天下百姓。差之毫厘,失之千里,现在很多人还以为修仙就是修欲望,一世苦修然后上天享福,这真是糊涂可怜、误人误己。很多神仙故事最好当寓言看,当鼓励看,它的基本用意主要还在劝善,能够把人做好了,仙不仙的又有什么关系呢?

上元夫人

汉武帝元封元年七月七日,王母娘娘乘紫云车驾五色麒麟降临于宫中。武帝跪拜问安,王母赐帝坐。然后遣侍女迎接上元夫人,并传话说:

"刘彻（武帝名）好道术，我刚来看他，夫人有空请来一下好吗？"

侍女带来回话，上元夫人欣然答应了，并且已经上路。不久，远隔着银河，出现了一位端庄的仙女，容颜约莫五十岁的样子。武帝问上元夫人是何方神圣。王母娘娘告诉他说是三天真皇之母，统辖所有的仙籍。

不多久的工夫，上元夫人已经乘着麒麟降临，她身穿青袍，头上梳成三个髻，其余的头发一直披散到腰。武帝见了她倒身就拜。上元夫人开口了，她问武帝说：

"你想求道吗？你的胎性太粗暴、太贪淫、太奢侈、太残酷、太险诈，这五大害常住在你的五脏之内，纵使好道术、求长生，也只怕徒劳无功！"

上元夫人不客气地批评完了之后，又以灵修的十二条戒律传授给武帝，希望他能改过迁善，武帝恭聆训诲后，目送了这位圣母冉冉飞去。

如果说"王母祝寿"的故事是佞臣编的，这个"上元训帝"的故事应出于忠臣之笔了。古代帝王生杀予夺、至高无上，因此对于帝王的批评，往往只能假托神仙之口。道家认为"道比势尊"，这在专制极权的政治环境中多少发挥了一些制衡的作用。

赤松子

赤松子是神农时的雨师，他曾经教神农以入火不烧的法术。后来他到了昆仑山上，常居在西王母的石室中，并且喜欢在风雨中遨游。炎帝的小女儿追随他也修成仙道。他们两人虽然已经成了仙，却时常到人间来游玩，汉朝刘邦的谋士张良，在辅佐高祖平定天下之后，就留下书信，说是追随赤松子修学访道、云游四海去了。

洪崖先生

洪崖先生据说就是黄帝的乐官伶伦，后来修成仙道。有人说他在尧的时代就已经三千岁了。汉朝的仙人卫叔卿，曾经在终南山的最高峰上和几个人一起下棋。他的儿子问他说，那个和你下棋的人是谁呀？叔卿回答说，就是洪崖先生呀！

赤松子和洪崖先生都是很有名的仙人，常常在历朝的诗文里出现，比如晋朝郭璞的《游仙》诗里就说"左揖浮丘袖，右拍洪崖肩"，李白的诗里也提到他。大概诗人都比较脱俗、比较富于想象吧，所以觉得精神上和仙人特别亲切，希望和他们一同超然世外、遨游四方。

马师皇

马师皇是黄帝的兽医，专门擅长治马，深知马的生理和病理，一治即愈。

有一天他看见一条龙从空而降，向他垂下耳朵张开嘴巴，师皇立刻就明白了，原来这条龙得了病，是来向他求医的。于是就用针灸法刺龙的嘴唇，还用甘草汤喂它，不久这条龙果然被治好了。

为了报答师皇医治之恩，这条龙居然背起这位神医成仙去了。

当然，谁也没看见马师皇到底上哪儿去了，但是这个故事倒是说明了中国文化"天人合一"的思想，人不但对同类要和平相处，甚至要推恩于异类、于万物。这也就是"民吾同胞，物吾与也"的真谛。

另外，从师皇的医术，也可以发现，中国早在黄帝时代就有很发达的医学了。现在有些人说针灸是中东传入中国的，事实上有很多记载——包括道教的经典，都可以证明针灸的历史最少也有两三千年以上，那时中东还不成其为文化区呢，所以说针灸确实是我们的国粹，值得我们骄傲，也需要我们继续发扬光大。

同时，在道教里面，有很多关于科学的思想——像是医道、炼金、博物等，所以英国大学者李约瑟特别写成了几大本《中国科技与文明》，里面对中国科技成就多半归功于道教。由马师皇治龙的故事，也可以得到一个旁证。

务光

务光是夏朝时候的人，他的耳朵长达七寸，平时喜欢服食蒲韭根。

商汤讨伐夏桀成功之后，曾想把天下让贤给务光，光辞而不受。他对汤说：

"夺人的帝位是不义的，杀人是不仁的。别人冒险犯难，而我坐享其成是不廉洁的！我怎能接受你的帝位呢？"

说完，他就抱了一块大石头，跳到蓼水里面自沉了。

但说也奇怪，四百多年后，到武丁朝的时代，他又出现在人间。武丁想延聘他做宰相，他又婉拒了。后来据说他到尚父山游历去了，从此再也没有出山。

上篇　神仙的故事

在中国历史上，有很多高洁的隐士，在改朝换代之际，宁死也不肯做官。还有一些甚至在太平盛世也宁愿隐居不肯追求功名利禄。当然，以现代眼光看，他们或许太消极了一点，但是由于他们的高洁，却保存了民族的气节。务光就是其中很典型的一位，后人说他成仙了，也许正由于敬爱他崇高的人品，不忍他死在波涛之下吧！这就像端午节祭屈原一样。不过说起来，务光倒是屈原的老前辈呢！务光虽然没有屈原的文才，但是在后代文人的诗词歌咏中，他倒是常常被颂赞的一位，而且他受尊敬的程度也一点都不亚于屈原！

孟岐

孟岐是清河人。他为了求师访道，不避险阻。汉武帝时听他谈论周朝初年的事，居然历历如在眼前。他曾说看见周公抱着成王，在周庙中上朝。孟岐当时侍候周公上坛，曾用手去摸成王的脚，周公就把一支朝笏送给孟岐。孟岐非常珍爱这支笏板，常用它来拂拭衣袖，因此到武帝时这支笏板都快折断了。

孟岐平时在华阴山下采药，他听说汉武帝好神仙，于是就身披草莱重现于人间。

孟岐执笏是国画中很有趣的一景。成仙了为什么还要执笏？是凡心未泯，眷恋功名吗？当然不是，因为这块笏板是周公所赐，而周公又是和孔子一样伟大的圣人，不论道德和事功，都是照耀千秋的。仙人执笏，当是对古圣先王的一种怀念，并且暗示，神仙虽然出世，但是并不否定礼乐的价值，而且仙之所以为仙，必须从圣贤的修养开始。仙人执笏的故事，很巧妙地说明了"先圣贤后神仙"的一个修学程序，而且告诉世人，修道不是逃避，而是超越。

匡裕

匡裕是周武王时代的人，他一共有兄弟七个，个个都有道术，一同结庐住在山里。后来都成了仙，只剩下一个空的草庐。因此后人就称它为庐山。汉武帝还特别封匡裕为庐山君。

庐山就像中国其他许多名山，它之所以成为后人吟咏绘画的对象，一方面固然是因为风景壮美，另一方面也是因为有神仙故事点缀其间。所谓"人杰地灵""有仙则名"，中国人喜欢一个地方，绝不会单看上它的自然景观，还要讲求它的文化内涵，这也是"天人合一"的一种表现。

彭祖

彭祖是颛顼的玄孙，到殷代末年他已经有七百多岁了，而身体一点也不显衰老。他平素好恬静，专心修道。周穆王慕他的高名想延聘他任大夫，彭祖称病婉拒了。他本性不爱政治，却长于养生延年之术，能用水晶、云母粉、鹿角制成丹药来进补，因此容颜就像少年一样红润。彭祖曾授药方给采女，采女又教给当时的王侯，并且证明确实有效。彭祖知道了就隐居起来，七十年后他的弟子才在西域遇见他，也有人说他是悲周之衰才漫游四方。晚年到了四川。由于他太长寿，一共死了四十九个妻子，五十四个儿子。

彭祖是中国长寿的象征，在祝寿的诗文中常提到他。

上篇　神仙的故事

青乌公

　　青乌公是彭祖的弟子，他得到彭祖的真传，为了精研仙道，就到华阴山中去潜心修学。他一直学了四百七十一年，经过十二次试验，有三次没有通过，后来喝了金液才得升天。太极道君因为他有三次失败记录，只称他为仙人，不称他真人。

　　虽然青乌公的道行并未达到最高境界，但他有一套学问却影响后世很大，那就是堪舆风水之术，中国人以为祖先坟墓的风水会影响后代子孙的命运，这种观念据说就是青乌公传下来的，因此我们可以说，青乌公就是中国第一个风水先生，至少，现在的风水先生们都奉他为祖师爷，堪舆术因此也叫作青乌之术。

吕尚

　　吕尚是冀州人，他生有大智，能够预知存亡，为了避商纣王的暴政，隐居在辽东达三十年。后来又隐居在南山，平时喜欢临溪垂钓，最奇怪的是，他的钓竿不设钩子，因此三年之中一条鱼也没有钓着。旁人都劝他不必再钓了，他却答说"愿者上钩"，并且表示个中的道理很深奥，凡人不会懂。果然不久他钓上一条大鲤鱼，鱼腹中竟藏有高深的兵书。《封神榜》里说他因此得到周文王的礼聘，做了周的宰相，以高深莫测的战略战术讨平天下，辅佐武王，建立了伟大的周朝。

　　后人也称他做姜太公，当然，最后他也成了仙。但是他最有名的事迹还是"姜太公钓鱼，愿者上钩"的哲学，以及八十多岁才在渭水之滨遇到文王的故事。大器晚成，给后人很大的鼓励，张岳军先生说"人生七十才开始"，壮志雅怀和太公有异曲同工之妙。

范蠡

范蠡字少伯，徐人。他曾服侍姜太公，平时喜欢服食桂子，曾经担任越国的大夫，辅佐勾践，消灭吴国，达成雪耻复国的壮志。他最出名的故事，就是利用西施为美人计，解除吴王夫差的精神武装，并且窃取内宫的军机情报。由于范蠡的足智多谋，勾践才能灭吴复越，因此在勾践的大臣里，范蠡实居首功。但是范蠡为人深谋远虑、冷静客观，他虽然辅助勾践，却也深知勾践只可共忧患，不可共安乐，因此一等越国胜利，他毫不眷恋功名利禄，就带着西施，一同乘着扁舟，漫游四海去了。为了掩避世人耳目，他改变了姓名，自称为鸱夷子。他一边旅游，一边经商，不多久就成了亿万富翁，人家都称他为陶朱公。后人因为他多谋善变，高深莫测，于是认为他也是仙中人了。

中国历代的政治家、诗人都很欣赏范蠡的才智和风度，其中以王安石这位政治家、诗人为代表，他最赞赏李商隐的两句诗"永忆江湖归白发，欲回天地入扁舟"，意思就是说虽然身在朝廷，却希望归老于江湖，将惊天动地、扭乾转坤的伟大功业结束在一叶扁舟的悠游生涯中。这种功成身退的思想渊源于道家老子，而在范蠡传奇式的生平中表现无遗。因此王安石羡慕他，李商隐歌咏他，还有无数的诗人、戏曲家在作品中对这位鸱夷子致意，而后代的生意人也尊陶朱公为祖师。"英雄回首即神仙"，范蠡成仙与否都不要紧，他的形象和精神将永垂不朽。

上篇　神仙的故事

刘越

周时有匡先生名续,修道于南嶂山。在他修道期间,常有一个少年来造访他,言论奇伟,先生非常惊讶,就问他说:

"看你这么儒雅,敢问你贵姓大名,府上哪里?"

那个少年回答说:

"我姓刘名越,住在山的左侧,山下有石,高二丈多,你叩它,我就会应门,欢迎你有空来。"

匡先生有一天真的如约前往,敲敲石头,果然就自动打开了两扇门,一个小丫鬟走出来迎接他,后面还跟着两个青童,拿着红色的宝帐做前导。渐渐地,他看见一排排高低参差的楼台,金碧辉煌,还有珍禽异兽,草木也和外界的大不相同。其中有一位仙人戴着玉冠,披着红袍来迎接他。匡先生心里很想留下来长住,这念头才一起就被仙人察觉了。于是仙人就告诉他说:"你的阴功还没有圆满,以后还有见面的机会,他日再见也不迟呀!"

仙人请匡先生喝了三杯玉酒,外加延年保命汤一碗,然后送他出去。匡先生回头一看,那块他叩过的石头还是和原来一样。过了几天他再来叩访,竟没有任何反应了。直到现在,据说这块石头还存在山上,石头上并有"刘仙"两个大字。

葛由

葛由是西羌人,周成王时,他以刻木羊为生。有一天他骑羊到四川去,四川的王侯贵人追他一直追到绥山上。绥山在峨眉山

· 015

神仙传：造化的钥匙

西南，高峰通天。追他的人都没有再回来，据说是跟葛由得了仙道。因此俗话说："若得绥山一眺，虽不得仙亦豪。"

在中国文字里，仙就是山和人的组合，这一方面是由于修仙多半在深山中，另一方面也显示了先民对山心存敬畏，并加以神化，因此仙和山就结了不解缘。不止中国如此，世界各地的民族都有关于山的神话和信仰，可见这并非偶然。由山而天，这中间就包含了一个"信仰的跃升"。

彭宗

彭宗字法先，彭城人，二十岁学道于杜冲，曾随师采药，不小心跌落深谷，居然毫发无损。老师叫他采樵，被蛇咬了也不介意。杜冲怜悯他，就传授他丹经妙道。彭宗努力修行，进步神速，常有神灯照耀他，又有五色云缭绕在他室内。他能三天一夜才换口气，也能躺在水底下一整天。有时高兴了，他会睡上一整年的觉，别人都以为他死了，但是等他醒来，气色反而更光鲜了。曾经有个猎人想要辱骂他，却被他用气给禁住，不能动弹，彭宗还召幽灵来处罚他，旁人不见其形，只听见鞭打声，等猎人悔过了才释放。彭宗在一百五十多岁那年正月，太上老君派遣仙官下凡迎接他，并封他为太清真人。

王子乔

王子乔是周灵王的太子，名字叫作晋。他最爱吹笙，吹出来的声音就像凤鸣一样清脆好听。他曾到伊洛一带地方游玩，道人浮丘公接他上了嵩高山，三十多年之后，他遇见栢良，就告诉这位老朋友说："可以通知我的家人，在七月七日那天到缑山头上去等我。"到了那天，王子乔果然跨着白鹤出现在群峰之间，可望而不可即，他只是在空中向家人频频点头致意而已，这样连续好几天才离去，后人为他在缑山下立了一个庙以作纪念。

王子乔是我国古代很有名的一个仙人，他所吹的笙和所骑的鹤都是最有仙气的"道具"，是诗人最爱描写的。早在汉朝的《古诗十九首》里面，就有一首非常有名的诗提到他，那首诗是：

生年不满百，常怀千岁忧。昼短苦夜长，何不秉烛游。为乐当及时，何能待来兹。愚者爱惜费，但为后世。仙人王子乔，难可与等期。

这首诗叹息人生苦短，忧患苦多，昼短夜长，应及时行乐。但是愚人舍不得享乐，只有等着让后人来讥笑了，要知道像王子乔那样不死的仙人，是很难企及的呀！

人生苦多乐少而且短暂无常，因此很容易兴起及时行乐的思想，这当然是不健康的，因为乐极生悲，最后终要幻灭，因此便又羡慕仙人的长生，很多神仙传说便是这种心理的产物。但是就诗论诗，这是一首了不起的杰作，特别是前四句，早已成为家喻户晓、千古传诵的格言了。

沈羲

沈羲是吴郡人，在四川学道，精于医术，一心一意只想救人，他这种善心感动了上天。周赧王十年，太上老君派遣使者来召他上天，并赐他和妻子同行，封他为碧落侍郎，于是他在大白天就飞升上天去了。当天他还在田间耕地，大家有目共睹，只见一阵大雾突然而起，雾散之后沈羲就不见了，只见他平时所乘的牛还在田里吃草。

汉殇帝延平元年，距沈羲成仙已经四百一十二年了，他才又回到故乡，找到自己名叫怀喜的十余世孙，怀喜隐约记得曾听先世提起有位远祖登天的事。沈羲听了很高兴，就告诉他说，当年初上天的时候，没有看见天帝，只拜见了太上老君，老君东向而坐，宫殿华丽，五色云气弥漫，庭中到处都是珠玉树，侍从多达数百人，男少女多，四壁间摆满了道经。太上老君身长好几丈，身体有光，不能正视。老君命玉女持金案玉杯，盛药赐给沈羲说："这是神丹，喝了可以不死。"沈羲夫妇各喝了一杯，老君又赐给他们大枣两枚，有鸡蛋那么大。另外又送给他神符和仙方各一道，要他们再回人间，以便救人疾苦，如果想再上天，就将神符挂在竿树枝上，就会有仙官来迎。老君说完，沈羲很快就睡着了，不久醒来已经身在地上。

据说窦太后曾经请他看过病，安帝时还见他在人间，最后沈羲还是升天为仙去了。

前面曾经提到行善积德是成仙成道的必要条件，沈羲的故事又成了一个有力的证明。

周亮

周亮字泰贞，太原人。他的母亲晚上睡觉时看见五色流霞覆盖在屋子上，因此感应而怀孕，经十五个月才生下周亮。周亮成人后拜姚坦为师，学会了《八素真经》的道术，能够役使鬼怪，使之现形。王子乔听见他的大名，就召他相见，赐他九光七明芝，周亮吃了以后就能通变化了。他能变成老头子，发白齿落，一下子又变成少年，姿容如花。有歹徒来欺侮他，却不知不觉地把自己给绑了起来，并且还拷打自己，流血哀号，直到告饶才被周亮释放。

周亮一百九十多岁正当周威烈王二十四年，上帝派遣天官下凡迎接，并且封他为秦泷真人。

孔子说"仁者无敌"，看起来仙人也是无敌的，而且无敌的方式更有趣！

亢仓子

亢仓子姓庚桑，名楚，陈国人。他能领悟老子的妙道，隐居在毗凌孟峰，他说过一段话很有哲理：

"炼筋骨则能保全身体，克制情欲则能保全精神，少说话则能保全福气。"

当然，最后他也成道升天了。

庄子曾经提到过这个人，也认为他有道术。确实，在一般人眼中神奇莫测的仙道，由亢仓子讲来却很平易近人。锻炼身体，克制情欲，少说些话，这些谁做不到呢？只可惜我们都等闲放过，如果人人以此自我要求，日日进步，成道成仙也不是完全不可能的呢！天地虽大，究竟没有天生的神仙。

神仙传：造化的钥匙

琴高

琴高是赵国人，擅长鼓琴，他修习道术，能够行走在水上。

有一天他声言要到涿水去取龙子，并且跟弟子约好，在某一天回来。他的弟子们就斋戒沐浴，备了祭品，等在水边。到了约定的那天，琴高果然乘着鲤鱼回来了，一时赶来看热闹的有一万多人。琴高逗留了一个月，然后又返回水中去了。

道教故事中，神仙常和飞禽走兽，甚至水中的鱼龙分不开，这一方面表示神奇，另一方面也暗示一种自由无碍、天人合一的境界。晚唐李贺诗"愿君光明如太阳，放妾骑鱼撇波去"，乘鱼而不乘船，就是仙凡的区别，自由的冥合。

负局先生

负局先生，口音像燕代之间的人，他平素以磨镜为生，每次磨镜就问主人有没有病苦，有则取出紫丸红药，吃了病马上就好了。有一次地方上流行疫病，负局先生挨家挨户地去送药，被医好的人数以万计，而负局先生从来也不收一毛钱。

负局先生后来跑到吴山绝崖去住，世世送药给人，他说："我想回蓬莱山，为你们在崖头开一条神水！"

有一天石崖上果然流出了一道白水，有病的人喝了立刻痊愈，乡人因此为负局先生立了一个庙来纪念他。

"磨镜为生"使我们想起西方哲人斯宾诺莎。淡泊宁静是中外贤哲共同的精神基础。而山中开水又很像天主教圣母圣徒的一些灵迹。"学道爱人"，任何宗教、信仰在这一点都是一致的。

列子

列子是郑国人，名叫列御寇。他曾向关尹子请教道术，后又拜壶丘子为师，九年后便能御风而行。

他一直隐居在郑国四十年之久，没有人知道他的才学。列子在隐居期潜心著述，他在唐代天宝年间被册封为冲虚真人，他的书就称为《冲虚真经》。宋朝景德四年又敕加至德二字。后来人们索性称他的书做《列子》，但是根据考证，这本书很可能不是他原来写的那一本，而是后人假托他的名字所作的伪书，又有人说列子其实就是庄子，因为他们的思想很接近。庄子在书中很羡慕列子能够乘风飞行，但是又感叹，即使如此，也还是要依靠风力，并不是真正的自由呢！

庄子

庄子名周，曾经做过漆园吏这样的官，他和梁惠王和齐宣王是同时代的人。他的学问无所不包，但基本上属于老子一派。楚威王仰慕他的才学，就派使臣以厚礼来聘请他做宰相。庄子笑答说："我听说楚国有神龟，已经死了三千年了，国王用木箱把它装起来藏在庙堂上。试问这只龟，是宁死而享荣华呢，还是宁愿活着在泥巴里摇尾巴呢？"使者回答说："那当然是宁愿在泥巴里摇尾巴呀！"庄子说："回去吧，我也宁愿在泥巴地里摇尾巴！"后来楚王又第二次来聘请，庄子回答他："你看那作为牺牲的牛，穿着华服吃着大菜，一旦被牵入太庙杀了，连做只土牛都不可得了！"庄子一生不做官，最后据说也成了仙，有《庄子》一书流传于世。

《庄子》全书都在解说自由的真谛，这个故事不过是其中之一。

丁令威

丁令威原籍辽东，在灵虚山学道，学成后化身为一只白鹤飞回老家。他站在一座华表（古代纪念帝王用的牌楼）上一声声地叫唤着：

> 有鸟有鸟丁令威，
> 去家千岁今来归。
> 城郭如故人民非，
> 何不学仙冢累累。

折象

折象是广汉人，少年时代喜好黄老之术，拜东平先生为师。折象家境富有，而他却认为富贵是危机，因而散尽家财来救济贫苦。有人劝他不要这么做，折象回答说："我有个朋友窦子文曾说，布施财物可以避免灾祸。"

折象死前自己已经预测出时间，可以想象他的修养已经达到何等境界了。

在物质文明高度发达的今天，要根本否定财富的价值，难免给人迂远不切实际之感。但是纵观青史，人类的战争多由财富分配而来，个人的痛苦也多从物质执着而生。如何使财富的分配合理，并且提高精神文明的水平，应该是现代世界最重要的课题。

宋伦

宋伦字玄德，是洛阳人，专心修道，服用黄精二十多年。周厉王时，太上老君把《通真经》传授给他，并且送他丹符。宋伦得到丹经后努力修行，于是就悟了大道。

宋伦因为修养高超，能知未来吉凶，预言没有不验的，他还能飘飘然在天上飞行，和神仙一同游玩。有时一天可走三千里，甚至化成野兽来试探人心的善恶。曾有个猎人追赶他，但总是相隔五十步百步之外而追不上他。找神射手来射他也射不到。宋伦又喜欢和病人一起睡觉，睡完一觉那个人的病自然就痊愈了。

宣王三十二年，宋伦九十多岁，上帝派遣仙官下凡来接他上天，封他太清真人，掌理中岳。

玉子

玉子姓章，名震，南郡人，自幼学道，博览群经。周幽王要召他做官他都拒绝了。他认为一般人贪图富贵而不知修心养性，一旦死了，虽贵为王侯、金玉如山又有什么用？只有学道可以永恒。玉子拜长桑子为师，学会了许多法术，比如他能呼风唤雨，又能把草木瓦石变成龙虎猛兽，他本人能赤脚走在水上，含水一喷就变成了珠玉。他也能口吐五色云，用手一指飞鸟应声就落。他有一双千里眼,他能使弟子都见到千里外的事物。他还能咒水医病,后来入崆峒山炼丹,丹成之时,白日升天。

玉子这些法术固然稀奇古怪,但是有一部分是艺术追求的境界,一部分是科学追求的境界,道士从某种程度可说是古代的科学家。

太阳子

太阳子姓离名明,是玉子的朋友,玉子学道成功后,太阳子就拜他为师,恭敬侍奉,不敢懈怠。玉子因此特别器重他。然而太阳子喜欢喝酒,每喝必醉,玉子为此常责备他。太阳子长于阴阳五行之道,虽头发全白,而皮肤却细润光滑,满面红光。

玉子对他爱之深责之切,有次劝他说:"你应该修身养性,为人师表,而居然每天醉醺醺的,功业不修,就算活一千岁,还是难逃一死,这是连凡夫也不为的,何况修道的人呢?"玉子努力改过,终于修成仙道,鹤发童颜,常住世间,但由于喝酒太多,须发一直不能变黑,无法完全达到返老还童的最高境界。

太玄女

太玄女姓颛名和,年轻丧夫,曾有相士预言她们母子都不长寿,于是她就努力学道,得了玉子的真传。成道后能入水不湿,冬天穿单衣躺在冰上而面不改色。她的法术能够搬动房舍城市,用手一指又回到原处。关上的门她一指就打开了,指山则山崩,指树则树死,再指则又统统恢复原状。她又能使小东西变大、大变小,野火烧天,一吹就灭,坐在火中也不燃烧。她能化身老翁小孩无所不为。她甚至能起死回生。没有人看见她是怎么修炼的，只见她容颜愈来愈年轻，头发乌黑，最后升天而去。

现代人喜欢用科学解释道法，然而科技御物是间接地通过物质，而道法却是直接地精神感应。在这方面，科技和道法是不能混为一谈的。

祝鸡翁

祝鸡翁是洛阳人，住在山下，养鸡养了一百多年，他的鸡都有名字，晚上都栖在树上，早上就放下来，祝鸡翁每次呼唤它们的名字，这些鸡就一只一只地走过来。祝鸡翁卖了鸡赚了千万钱就到吴国开了一座养鱼池。人们常常看见他的身边有一些白鹤孔雀围绕着他。

在基督教中有位圣者——亚西西的圣弗朗西斯，他的道德修养已经达到和禽兽交谈的境界，特别是鸟类，又特别是象征圣灵的鸽子。在中国上古史中也有通禽兽语言的圣人，祝鸡翁无疑是最平易可亲的一位。"小鸟枝头亦朋友"，这原是诗人的理想，但是祝鸡翁却实在做到了。有白鹤孔雀绕身的境界不是比警卫森严、刀枪林立要高得多吗？

古丈夫与毛女

汉朝恂太与尹子虚一同在嵩山游玩的时候，忽然看见松树下有一男一女，就问他们何以在这里。男的回答说："我本来是秦始皇的奴工，这位是毛玉姜，她是秦始皇的宫女，本来要殉葬的，我

神仙传：造化的钥匙

们为了免祸而逃出骊山躲在这里，不知道现在是何年何月？"

　　恂太和尹子虚听了很高兴，就向古丈夫请教炼丹之术，古丈夫说他本是凡人，因吃栢子和松脂，久了竟能飞，毛发也变成青绿色，他和毛女两人都不知道金丹是什么东西呢！

　　陶渊明的《桃花源记》中有许多避秦而隐居的天民，看来古丈夫和毛女也是这样幸运的一对"漏网之鱼"，不，漏网之鸟，因为他们能高飞远扬，境界似乎比桃花源又神奇了些。

徐福

　　徐福字君房，秦始皇晚年好神仙，广求四方不死之药，希望长生永享帝业。为此由各处来了很多方士，向始皇吹嘘道术，借以诈财。而秦始皇的暴政在当时已经弄得民不聊生，怨声载道，而始皇还一意孤行，执迷不悟。徐福就利用这个机会，进宫见始皇，跟他说在海上有十洲，洲上有不死之草，吃了长生，但是大海渺茫，费时费力，不易成功。秦始皇于是就赐他几艘大船，和童男童女数千人，由徐福率领一同前往。徐福就这样扬帆出海，永远离开了即将动乱的中国。后来听说他到了日本，日本现在还有徐福庙，日本人也可能是徐福的后裔，同时韩国人也说徐福去了韩国，真相很难证明，但是秦始皇却永远也没得到仙药！

黄石公

　　汉朝开国以前，张良有一次在下邳圯桥上散步，有一个老人蹲在桥上命令张良替他穿鞋。张良忍辱帮他做了，老人很高兴地说："孺子可教！"叫他第二天一早来，有书送他。结果张良迟到了，第二天老人还是比他早到，直到第三天，张良通宵不睡在桥上，才比老人先到。老人看他能忍耐，就传授给他兵书，并告诉他："十三年后，在齐北谷城山下有一块黄石就是我！"

后来张良辅佐刘邦建立了汉朝，被封为留侯。有一次他和高祖一同经过谷城山，果然看见一块黄石。张良就请高祖立庙来纪念这位黄石公。

苏东坡在《良侯论》中对黄石公的传奇表示怀疑，他认为这位圯上老人不过是要磨炼张良的性情，使他能堪大任罢了。后代诗人则借此讽刺秦始皇说，虽然他焚书坑儒，不料"人间犹有未烧书"，黄石公的兵书竟成了推翻秦朝的一大力量。这也是始料未及的吧！

鬼谷子

鬼谷子是春秋晋平公时代人，姓王名诩，曾入云梦山采药得道，容颜像儿童一般红润。他居住在青溪地方的鬼谷里，苏秦和张仪都曾来向他问道，学习三年才离去。鬼谷子在信里曾送他们几句话说："你们二位将来都会有赫赫的功名，但是春天的花到了秋天就要凋谢，二位却喜欢朝露的虚荣而忽略了永恒的生命，轻视乔松的长久而迷恋一时的名利。要知道情欲中的事都不长久，真是可悲啊！"

鬼谷子在人间有好几百岁，后来就不知下落了。他留下《阴符经》和《鬼谷子》两部书，至今还流传在世，一般人都当他是纵横家的祖师，却不知他真正追求的乃是永恒之道，而苏秦、张仪后来果然登台拜相,荣华富贵,但终不免于悲惨的下场。

茅濛

茅濛字初成,咸阳人,博学睿智,他预知周朝将衰,因而不求做官,并且感叹人生短暂如电,怎么可以长久地迷失在红尘里。于是就拜鬼谷子为师,学习长生之术,又入华山去修炼。

秦始皇三十年九月庚子,茅濛乘着飞龙白日升天。在这以前不久,当地乡人流行着一支歌谣,说是茅濛就要成仙了,他将驾龙上天,如果帝王向他学习,天下就会太平。这首民谣传到秦始皇耳朵里,他立刻把年号改成了"嘉平"(因为原来歌词里有嘉平二字)。

茅濛升天以后,他的三个玄孙也都成了仙道,一同在茅山,人称三茅君。

要"帝王学道"其实是要帝王不要迷信权力,压迫人民,但可惜,权力使人腐化,帝王不想学道只想长生,只想操纵无限的权力和欲望。"道"变了质,帝王未蒙其益往往先受其害,遗毒苍生,就不堪问了。

萧史

萧史年轻时就得道了,他很会吹箫,秦穆公把女儿弄玉嫁给他。婚后他教弄玉吹箫模仿凤鸣的声音,两人一唱一和,真是琴瑟好合的一对神仙伴侣。

弄玉领悟力很高,她的箫声也越来越像真的凤鸣,过了不久,果然一只凤凰飞到他们的宫殿上。秦穆公非常惊喜,就为小两口盖了一座凤台。每当月白风清之夜,萧史和弄玉就在凤台上合奏起来,朗润缥缈的箫声荡漾在柔美的夜空中就像一对凤凰的合鸣。

几年以后,两人竟因吹箫而成了仙。有一天,萧史骑着龙,弄玉跨着凤,两人并驾齐驱,飘然升天去了。

蔡女仙

蔡女仙原来是襄阳人,擅长刺绣。有一天忽然门外来了个老翁,请她绣一对凤凰,但是等绣好的时候,他要自己亲手来指示点眼睛的位置。

过了几天,一双灿烂的彩凤绣好了,那位老翁果然又出现了,在他的指点之下,蔡女绣上了原先空在那里的凤眼。不料才一绣完,那双彩凤忽地跳了出来,并且在他们眼前翩翩飞舞。这时蔡女恍然若有所悟,就随老翁跳上凤背,一人乘坐一只彩凤,升天而去。

古人说"画龙点睛",事实上画凤也要点睛。龙凤都象征一种超越的精神,龙代表阳性,凤则代表阴性。不过这只是象征的说法,神仙哪里还有性别可论呢?

白石生

白石生据说在彭祖时就有两千多岁了,也不修习飞升之术,只求长生不老,不失人间的快乐就满足了。

由于家境清寒,白石生买不起贵重的药材,于是只得养猪牧羊,十几年下来居然赚了大钱,他把这些财富全都买了药材来服用以求成仙。

白石生有个最奇怪的习惯，就是他常常煮白石头吃，为此他特地找了一座白石山搬进去隐居，从此就改号叫白石生。

　　像其他仙人一样，白石生年纪虽大，容貌却像只有三十岁。有人问他为什么不升天，他回答很妙，说天上未必比人间快乐，况且还有很多尊神要侍奉，他懒得去受罪！

涉正

　　涉正字玄真，巴东人。他虽身处汉朝末年，谈起秦始皇的往事竟历历如绘。

　　涉正平时总是闭着眼睛，就是走在路上也不睁开。他的弟子们追随他二十年却从没见他睁过眼睛。有一个弟子忍不住好奇就拼命央求他睁眼，涉正答应了，但是他才一睁开眼睛，就听见一声霹雳，随着一道强光像闪电一般激射而出，弟子们顿时吓得跪在地上，过了好一会儿才勉强爬起来。从此以后，再没有人敢要涉正睁眼了。

　　涉正后来成了神仙，当时有另外一个仙人李八百，跟他最要好，他称呼涉正"四百岁的小孩"！

　　孟子说"观其眸子瞭焉"，人的正邪看眼睛，神仙之眼更是精光饱足，灼灼逼人。不过老子说"光而不耀"，暧暧内含光才是人格修养的极致。

安期生

　　安期生，琅琊阜乡人，他原先在海边卖药，当时人们称呼他

"千岁公"。

秦始皇仰慕他的大名,曾经请他到宫中相见,和他足足谈了三个晚上,并且赐他金帛数万。但是安期生一点也不在意财富,他在离开阜乡亭的时候,把这些金帛全部散给了乡人。他本人则留下一封信和一双赤玉鞋,临走时他对旁人说,千年以后可以到蓬莱山下找我。秦始皇知道了就派遣许多使者到海上去寻找他,但是还没找到蓬莱山就遇到大风,只好无功而返。

秦始皇失望惆怅之余,只得在阜乡亭为安期生立祠纪念。

修羊公

修羊公是魏国人,他在华阴山的石穴中吊了一个石榻,自己就躺在石榻上面,石头穿透了他也不动。他平时以黄精为食。汉景帝曾请他住到宫中,过了好多年却无法得到他的道术。景帝很着急,就下诏问他哪一天才准备开口说话,修羊公经过这一问忽然变成了一只白石羊,白得像玉一样,并且还拱手说:"修羊公感谢天子!"景帝只好把羊放到通灵台上去,不久这只会说话的白羊就不见了。

修羊公为什么迟迟不开口?也许他是要试探景帝的道心是否诚笃,并且要降服他的帝王之尊。南面为王虽然贵极一时,但是在永恒的道的面前,仍是卑不足观、微不足道的!

司马季主

司马季主是楚人,原先在长安做算命先生,后来在委羽山隐居,炼成了分身隐形的法术,得道之后容貌鲜艳如少女,三尺胡须漆黑发亮。

司马季主曾带了一个弟子叫范零子的一同进入常山石室中，室边有一个石头箱子。有一天司马季主要出门游玩，就叫范零子看守石柜，并嘱咐他不准打开。他走了以后，范零子因为想家就偷偷打开了石柜，结果他竟发现自己的父母家人都在里面，于是悲哀得不得了。过了几年，司马季主又叫他守一个铜柜，结果他又违戒，并且再度看见家人父母在铜柜中，竟因此而修不成仙道。

司马季主成仙后只留下一块席子，由家人葬在蜀山。

尹澄

尹澄字初默，后改名林，汾阳人。有一天他经过太山，看见石头上悬着一枝青芝，在夜间闪闪发光，于是尹澄就把它采下来吃了，从此他能每天走六七百里路。

过了不久，尹澄又在峨眉山里遇见仙人宋君，宋君教给他三皇时代的经典和九丹秘诀，尹澄努力修炼，终于成功。他的法术很多，比如投掷神符在水中，水波就会逆流，也又能使波涛平伏。暴死的人他能使之复活，他甚至还能命令鬼怪自己绑缚前来认罪。

尹澄在世间过了三百四十多年，汉昭帝始元元年，太微帝君派遣仙官下来迎接他，封他做太微真人。

刘安

刘安是汉高祖的孙子，封为淮南王，他雅爱儒术，礼贤下士，曾经和他门下的宾客编著成书，后人称之为《淮南子》或《淮南王书》。他还著有《鸿宝万年》二卷，专门讨论变化的道理。

有一天，不知从何处来了八个老人（八公），登门求见淮南王，看门的小吏想刁难他们，就说："大王想要三件事，第一想长生不老，第二希望得到博学多闻的儒者，第三希望得到孔武有力、威猛勇敢的壮士，而你们已经这么老了，既不能著书也没有武艺，大王的三个希望你们一个也不能达成，我不敢引见你们呢！"

八公听完不禁笑了，他们回答说："我们听说淮南王礼贤下士，只要稍有才能，无不奉为上宾。我们几个虽然不合要求，但是见大王一面也无害，你又何必为难我们！如果大王一定认为少年才是有道之士，年老就是无能，恐怕未免有些以貌取人了吧！"

八公说完，立刻一齐变成十五岁的童子，头发漆黑，面如桃花。守门人一看大惊失色，赶紧通报，淮南王连鞋子都来不及穿就光着脚跑出来迎接。他为八公设置了思仙台和象牙床，用最好的香和金玉的桌椅来招待他们，自己则穿着弟子的服装，向八公拱手行礼，八公于是又恢复了老人的形状，他们看出淮南王确有诚意就问他说：

"我们听说大王喜好道术，所以特来拜访，不晓得大王希望什么？我们一个能够呼风唤雨、制造云雾、画地为江湖、撒土成山。一个能移山倒海、命令虎豹龙蛇、役使鬼神。一个能分身变形、隐蔽三军、只手遮天。一个能入火不烧、入水不湿、刀杀不伤、箭射不入、冬天不冷、夏天不热。一个能千变万化、随心所欲、变出任何禽兽草木、搬动山川陵岳。一个能防灾避凶、避邪免祸、延年益寿、长生不老。一个能炼泥成金、炼铅成银、乘龙驾云、遨游太空。这几种法术随大王选择。"

刘安听完叹服不已，就亲自呈上酒果，向他们叩拜请教，希望每一样都试一试,结果八公各显神通,果然名不虚传。刘安于是就向他们学了丹经及其他的道术。

　　刘安的丹药不久就炼好了,他还没有服用,而他的儿子刘迁好剑术,郎中雷被跟他比剑,不小心刺中了刘迁,雷被怕被杀,就上书诬告刘安想造反,天子就派人来治刘安的罪。八公于是告诉刘安说:"你该走了!这是上天给你的机会,不要迟疑了!"刘安接受了他们的建议,选了一个黄道吉日登到山上去,把金子都埋在地里,他就在山上白日升天了。八公和刘安踩过的地方连石头都陷了下去,到现在还存有人马的足迹。他所弃置的药鼎,鸡犬舐了,都一齐跟着升上天去,一时只听见云中有鸡啼,天上有犬吠,好不热闹。直到今天我们流传着"鸡犬升天"这句成语,就是从淮南王刘安成仙的故事里来的。

　　淮南王的仙术我们无从索解,但是他所主持编纂的《淮南子》却是秦汉思想的总汇,不但有学术价值,文采也斐然可观,它对后世的贡献比仙术深远得多了。

缑仙姑

　　缑仙姑是长沙人,在衡山修道,八十多岁还是孑然一身。在她住处旁边是南岳魏夫人的仙坛。有一天忽然从天外飞来一只青鸟,这只青鸟居然还会讲话,她说:"我是南岳夫人的使者,因为看到您苦修,特别命我来跟您做伴。"

　　以后,每当有人来游山,青鸟都能预言游山人的姓名。有一天她告诉仙姑:"今天有暴客会来,但是不必害怕。"结果真的来了一群和尚,他们高举火把和刀杖想要加害仙姑,但是仙姑就坐在床上，而和尚居然看不见她。最后和尚只好离开，不料才出门不久就被老虎给吃掉了。

缑仙姑后来搬到其他地方去住，青鸟也跟她一同前往，最后听说她又搬去九嶷山，没有人知道她的下落。

金申

金申是潞城人，从小就聪明过人，而且喜欢装疯作傻。他曾遇见一个异人，教给他太阴炼形的法术。金申练成以后，能够光着身子躺在冰雪中，而且还能预知水旱灾吉凶寿夭。

金申死了之后，下葬大约一百多天，有一天夜里突然雷霆大作，等早上一看，只见他的坟墓打开了好几寸，墓穴里只剩下一双鞋和一把蒲扇而已，人早不知去向了。

道术自某方面观之，是要将人的潜能尽量释放出来，卧冰不寒的功夫是其中之一。佛教密宗在这方面的修炼是很有名的，今天还有许多瑜珈行者能够显示超凡的体能和精神力量，比如在喜马拉雅山峰上赤身卧雪，而雪为之化，这还只是初步的功夫而已，可见人的潜能无穷，只看我们是否有意开发罢了！

苏耽

苏耽，郴县人，他对母亲非常孝顺，曾经遇到异人传授给他仙术。

苏耽每天都亲手侍奉母亲吃饭，有一天母亲忽然想吃鲊鱼，苏耽就买了鲊鱼回来。母亲问他在哪里买的，他说是在便县买的，母亲觉得非常诧异，因为便县距离郴县有一百多里远。又有一天他忽然洒扫庭院，母亲问他缘故，苏耽说他仙道已成，上帝来召他上天去了。母亲说："你走了我怎么办呢？"苏耽就留下一个柜子说："你要什么里面就有什么！"又说："明年会流行瘟疫，妈妈可以采庭前井水橘叶来救人。"

苏耽升天以后，果然不久就流行起大瘟疫，他的母亲用他的办法救活了一百多人。

又过了一段时间，苏耽化身为一只白鹤飞到郡城东北楼上，有人想拿弹弓射他，却怎么也射不中。白鹤用爪子在楼板上写道：

城郭是，人民非，三百甲子一来归，吾是苏耽，弹我何为！

他的意思就是说，城郭没有改变，居民却换了好几代了，我千百年才回来故乡一次，你们不认识我是苏耽也就罢了，为什么拿弹弓来打我呢！

东方朔

东方朔字曼倩，平原厌次人。他有一次出门，隔了一年才回家。他的哥哥就问他为什么去了那么久。东方朔回答说："我到海边去玩，海有紫水弄脏了我的衣服，我只好跑到虞渊去清洗。我早上出门中午就启程回家了，你怎么说我去了一年？"事实上虞渊距离海至少有千万里远。

汉武帝的时候，东方朔上书毛遂自荐，他写道："臣朔自幼丧失父母，由兄嫂养大。十二岁学书，三年就通晓文史运用自如。

上篇　神仙的故事

十五岁学剑，十六岁学诗书，能背二十二万个字。十九岁学《孙子兵法》，一切战术无不通晓。今年我二十二岁了，高九尺三寸，嘴红如珠，牙齿整齐如贝壳，勇猛而敏捷，清廉又守信用，像我这样的人才，给您做大臣是毫无问题的！"东方朔的语气一点也不谦虚，并且还有自吹自擂之嫌，但是雄才大略的汉武帝居然慧眼识英雄，看上了这个自命不凡的年轻人，同时立刻封他做官，要他待在金马门随侍武帝，对他常有赏赐，待遇非常优厚。

东方朔用皇帝的赏赐娶了一个长安的少妇，不仅如此，每当皇帝有赏赐，他都统统送给了妻子。人家都笑他痴，东方朔却不慌不忙地说："我是避世在朝廷里的人呢！"有时候他喝醉了就坐在地上唱歌，歌词的大意是："人世间太浑浊了，所以我隐居在金马门里，宫殿可以保全性命，又何必躲到深山里面去呢！"

东方朔临死的时候对他的同僚说："天下没有人知道我的来历，知道我的只有大伍公一个人！"

东方朔死了以后，汉武帝知道了这件事，就召大伍公来问，大伍公却矢口否认，说他也不知道东方朔是何方神圣。武帝问他究竟会什么，大伍公说他擅长观察星象。武帝问众星都在天上吗，大伍公说不然，众星都在，只有岁星有四十年都不知去向，不料最近又重新出现了。

汉武帝不禁仰天长叹说："东方朔在我身边十八年，而我竟不知原来他就是岁星！"

东方朔虽然升天了，但他身后却留下很多文章，他的文笔纵横跌宕，并且风趣幽默，他用这种文笔来暗示武帝应该从善去恶。由于他的诙谐机智，不但赢得武帝的宠信，而且博得"滑稽之雄"的雅号。而东方朔偷仙桃的故事，更是国画中常见的画面，人情与仙意，在幽默中结合为一。

黄安

黄安是代郡人，有一万多岁，他长了一张娃娃脸，由于常吃朱砂，他全身通红。平常也不穿衣服，总是坐在一只神龟背上。神龟长三尺，当时有人问黄安神龟的岁数，他回答说："这只龟每三千年伸出头来一次，自从我得到它以来，已经五次出头了！"世人因此知道黄安年纪有一万多岁了。

汉武帝慕他的名，曾请他去论道，对他非常尊敬。武帝要去祭祀泰山的时候，请黄安和董谒、李充、孟岐、郭凉等五个人一同乘车前往，人称"五仙臣"。武帝驾崩以后，黄安就离开了京城，永远不知道去向了。

凡民常呼帝王"万岁"，实则世上哪有万岁帝王？

郭琼

郭琼是东方郡人，长相奇丑无比，但度量却极大。他没事就拄着拐杖到处散步，累了就寄宿在别人家里，并且向主人要木柴以便烧火做照明读书之用。主人书箱中藏有珍秘的图书，封藏十分紧密，而郭琼却能一一猜出其中的内容，如数家珍、巨细无遗，因此大家都非常叹服。但也正因为如此，邻里间一听说郭琼要来寄宿，都慌得赶忙关门关窗，唯恐被他知道了家里的隐私。

郭琼并不因此而稍事收敛，相反地，他每到一户人家，就从衣袖里掏出一把算盘，放在膝盖上，手指随意一拨就能算出这家人的隐私。郭琼明察秋毫,连睡觉也不闭眼睛,到处乱逛,袒胸露背的,像个疯子。

"真人不露相",但是却能露别人的真相,郭琼就是这种人吧!

拳夫人

拳夫人是汉武帝的妃子。有一次武帝巡狩过河看见一股青紫气,从地面直冲上天,会观气的大臣就说那里一定有位奇女子,而她必定给天子带来吉祥。武帝于是就顺着紫气的方向找去,不久看到一个女子躺在空的棺材里,美貌绝伦,两只手抱着拳。武帝命令属下打开她的拳头,结果试了好几百个人却怎么都打不开。于是武帝只好亲自动手,没想到才一出手那位女子的双拳就张开了,不但拳头张开,眼睛也睁开了。武帝就把她接回宫中,号为拳夫人。

拳夫人不仅仅容端丽、美若天仙,并且通晓道术。后来她怀孕十四个月生下了汉昭帝。由于过去唐尧也是十四个月才生下的,因此武帝就称拳夫人的宫门叫"尧母门"。

程伟妻

汉代黄门郎程伟好炼丹术,娶妻方氏,由于程伟常随侍皇帝左右却没有一件像样的衣服,于是他的妻子就变出了两块绢。程伟按照《枕中鸿宝》书中记载的方子炼金,不幸怎么也炼不成,他的妻子却随手洒了点药在程伟的丹炉里,顷刻之间就炼出了金子。程伟一看大吃一惊,就说:"原来你通道术,何不早些告诉我呢?"他的妻子回答说:"学道必须有命。"程伟于是不分昼夜地引诱她说，并且卖了田宅以供她美食衣服，可是他妻子却坚持不告。程伟计穷，只好和朋友设计，用刀杖逼迫她说。他妻子早已看透他的心思，就说："道要传给正人君子，如果真是有天分的，就算路人也会传给他，否则宁死不传！"于是就装疯裸奔，不知去向。

庄君平

汉朝有个道士曾经和一个老翁同住在一个房里，大概过了一整年，那个老翁告诉他："我就是庄君平。"并且送他一部书。天亮之后老翁就走了。道士打开书一看，都是修身修道的理论，书里面有一句话说：

事业与功名，不值一杯水！

蓟子训

蓟子训是个得道的高人。他到京城去玩，公卿王侯都热烈欢迎他，并且为他设宴，日以继夜，隆重地招待他。

蓟子训也是个神龙见首不见尾的人物，他离开京城后就失踪了。大家只看见他走的时候，好几十个地方都腾起了一朵朵的白云。过了很久，有人在长安城街上看见他正和一个老翁在一起，两人用手掌在摩擦铜人的脸，一面摸一面还聊天，说："刚刚才看见武帝铸造铜人，怎么才一会儿工夫就过去五百年了！"

有人认出他的容貌，就上前去和他打招呼，说："蓟先生，请稍待片刻，我们一道走。"蓟子训点头答应，就放慢了脚步，但尽管如此，他的速度却连快马也赶不上。

阴长生

阴长生是新野人，汉和帝阴后的曾祖父。他不慕荣华，潜心修道，他仰慕马明生的高名，就跑遍各大名山以求追随，最后在南阳太和山中见到了马明生，立刻拜他为师。但马明生并不教他任何道术，只是每天和他讨论时事，一共十多年，而阴长生却毫不倦怠。同时拜马明生为师的有十二个人都抱怨而离开了，只剩下阴长生对他愈加恭敬。这样过了二十年，马明生才确信他是求道的人才，就带他入青城山，煮黄土成金，并且教他各种道术。后来阴长生在武当山石室中服食一半的神丹，但并没有能够立刻升天，于是他又炼出了黄金好几万斤，救济天下贫穷，施舍完了以后，再服下另外一半仙丹，果然达成了白日升天的愿望。

栾巴

栾巴是成都人，得道后被封为尚书。有一年正月三十日的早上上朝的时候，皇帝赐酒给他，他居然不喝，却把酒含在嘴里向西南方向喷吐。他因此被弹劾成不敬的罪名。栾巴喷完酒不慌不忙地解释说：

"小臣的家乡成都正好在闹火灾，所以我才用水酒喷洒来救火。"

过了几天，成都方面果然上奏说当天闹了一场大火，幸亏有雨从东北方来，才得熄灭，而最奇怪的是，那场雨中居然充满酒气。

毛伯道与刘道恭

毛伯道、刘道恭、谢稚坚和张兆期都是东汉时代的人，他们一起入王屋山学道，共四十多年，合作炼成了神丹。毛伯道先吃，不料一吃就死。刘道恭再吃，也死了。谢稚坚和张兆期见状不敢再吃了，于是就舍弃了丹药准备回家。不料还没有走出王屋山，就远远地看见毛伯道和刘道恭各骑一只白鹿在山上遨游，后面还有仙人举着帐子随侍在侧。稚坚和兆期后悔不已，幸亏刘道恭教他们服食茯苓，这两个信心不坚的人才勉强也修成了仙。

修道本是非常之事，需要有非常之心。贪生怕死的人连世间大业都不能成就，更何况是出世的大道？学道受试探是各宗教都有的，而最大的考验在于对生命的执着，佛家称之为"生死关"，有高僧毕生坐关面壁的，就称为"坐生死关"。

赵丙

赵丙是后汉东阳人，喜欢到处游玩，每次遇到老朋友，就倒水为酒，并且随便削一块东西变成肉，居然能让大家都酒足饭饱、宾主尽欢。

有一次他在岸上等不到船，索性扔一块席子在水里，而他踩在席子上就渡过了大江。

史称达摩老祖"一苇渡江"，赵丙似乎比他更早就学会了这套法术呢。《圣经·新约》里记载耶稣能够赤脚运行水面，又说他能用几块饼、几条鱼和一点酒就让好几千人都吃饱。看来赵丙也不输给他。大道是互相贯通的，最起码，也是并行不悖的。

庄伯微

庄伯微很年轻的时候就迷上了道术，但是他不知道应该如何修道，于是每天日落时分，他就朝西北方向静坐，专心一意地凝想昆仑山的形象。

昆仑山是中国的圣山，山上住的都是神仙和圣贤，有各种珍禽异兽和奇花异草，在山脚下有一条弱水，水质极弱，连羽毛都漂不起来，凡人更别想渡过，除非是成圣成仙。在昆仑山顶有一棵大树叫不死树，它参天蔽地，大覆苍生，而王母娘娘就住在山顶的空中花园里，守护这座金光闪闪、亘古长存的神山。

庄伯微这样有恒地凝想了三十年，有一天终于看见了昆仑山。在山上仙人的指点下，他也成道登上了昆仑山。

佛教净土宗中有一种观想佛像和西方极乐的法门，观想成熟后，就可以往生净土，亲见弥陀。庄伯微修的似乎也是观想法门，在这方面佛道可能有相通处也未可知。

江妃二女

江妃二女不知道是哪一个时代的人。当时有个叫郑交甫的青年人到汉水滨去游玩，忽然看见这两位美丽绝伦的少女，衣上还佩着光彩夺目的明珠。郑交甫大为动心，不禁隔着悠悠的江水吟起了爱慕的诗篇。他才唱完，没想到两位美女也回赠了他一首，悠扬的吟唱声在水光云影中荡漾，此情此景，恍如置身仙境一般。

郑交甫在水边流连不去，但是天色慢慢暗了，他只好依依不舍地跟二位少女道别，临行前，那两位少女还解下衣上的明珠送给他做纪念。郑交甫捧着明珠走了十几步，再一回头，少女却消失了，低头一看，掌上的明珠也不见了，他才恍然大悟自己是遇见了江上的女仙。

人神之恋在中国文学艺术中自成一个类型，如曹植和宓妃，也就是洛神的爱情故事就是其中之一；而郑交甫和江妃二女的故事以及楚王和巫山神女的故事也同样流传千古，成为人所艳称的典故，不断出现在诗文题咏中。比如唐人钱起的诗"曲终人不见，江上数峰青"就是最脍炙人口的名句。此外，《楚辞》的《九歌》中也有很多人和水仙恋爱的情节。这种天光云影、咫尺天涯的迷离恍惚之境，确实令人神往。

刘根

刘根是长安人，汉成帝时入嵩山学道，遇见神人传授给他秘诀，于是修成仙道。他平时用道术来救人，而颍川太守史祈却以为他行的是妖术，要杀他。他把刘根押到府里，对他说："如果你能立刻召鬼来我就放你，否则就要问你死罪！"刘根从容地答说："这太简单了，只要借我一支笔画个符就行了。"不一会儿，果然有神兵押了两个鬼来。太守仔细一看发现竟是自己过世的父母，不觉大惊失色，跪地痛哭。鬼责备太守怎么可以得罪神仙以致连累父母。太守赶忙俯首认罪，刘根才放了那两个鬼，而刘根本人也忽然消失不见了。

梅福

梅福字子真，寿春人，东汉时做过南昌尉。他看见王莽专政，不禁叹息道："生命是我的刑罚，形体使我受辱，知识是我的祸患，躯壳是我的刑具！"于是弃家求仙，遍游雁荡山和闽南诸山。最后他来到仙霞山，遇见空同仙君，学会了内外丹法。他又跑到鸡笼山，结果修炼不成，又转入剑江西岭，再次遇见空同仙君从白云中下降，对他说："梅福呀，你的缘分在飞鸿山！"梅福立刻跑到飞鸿山去，盖茅屋专心修炼，果然成功。于是他就束装回到故乡寿春。有一天紫雾出现在天上，云中有金童玉女骑鸾飞下，梅福就辞别家人，骑青鸾飞升而去。

佛家说"认贼作父"，就是说凡夫误认四大假合的肉身为自己所有，又以为五欲六尘都是实有，因而整天都为追求物欲而患得患失，一切痴心妄想都是为了满足那个虚妄不实的"身心"，事实上都是"认敌为友""认贼作父"。老子说："我之大患在有我身，及我无身，我有何患。"也是说明身不可恋，只能作为修道的工具而已。"长养色身，以成道身"，这是佛家和道家共同的信念。

魏伯阳

魏伯阳，吴人，生性好道，不爱做官。他入山炼丹，有三个弟子陪侍在侧。他知道有两个弟子信心不足，于是丹成那天就试探他们说："金丹虽成，应该先给狗尝，狗吃了不死，才可以放心服用。"说完就扔一粒给狗吃，狗立刻就死了。魏伯阳一看不禁叹息道："这也许是天意吧！"弟子问他说："师父你吃不吃呢？"魏伯阳答道："我离家背井而修仙失败，还有什么脸面回去？死生原来没有不同，我决定一试！"说完就吞丹死去。其中一个姓虞的弟子心想老师并非凡人，服丹而死必有深意，也跟着吞丹而死。另外两个弟子看见这一幕就互相讨论说："炼丹为的是求长生，而今吃了仙丹反而死了，倒不如不吃，回去还可以再活几十年！"于是决定不吃而一同离去，下山去为魏伯阳和另一位弟子买棺材。

没想到两人才一转身，魏伯阳就从地上站了起来。他拿出炼好的妙丹放进那个弟子的口中，并且也塞了一颗给死狗，片刻之间人和狗都复活了。魏伯阳就带着那个姓虞的弟子，牵着白狗一同游仙去了。后来他们在山上遇见一个砍柴的樵夫，魏伯阳写了一封信请他转交那两个弟子，弟子看到信不禁大为懊恼，悔不当初。

魏伯阳曾经写过一本《参同契》，是以易经的道理来暗示炼丹的方法，是道教重要经典之一，南宋朱熹还特别用化名为这本书作批注。

王老

王老只是一个爱好修道的乡下人。有一天，一个老道士来拜访他，并且在他家住了一个多月。忽然道士遍体生了恶疮，他对王老说，要用好几斗酒来浸泡，疮才会好，王老照他的意思买了满缸的酒，道士坐在缸里，经过三天三夜才爬出来，只见他须发都转黑了，容貌也返老还童。道士对王老说："如果你能喝光这缸子酒，就可以成仙！"

正在打麦的王老毫不犹豫，他命全家人跟他一起把满缸子道士用来泡疮的酒都给喝了下去，片刻就醉倒了。他们刚一喝醉，忽然天上起了风云，他们一家人全部升天去了。邻里间都听见有打麦声从半空中隐隐传来。

佛家说"破执着"，不要用牛羊眼看人，也就是不要狗眼看人低。老道一如济公，他一方面意在试探，一方面也是要破除王老的势利心。我们不能人人看破红尘，但是却应该力排势利心的劣根性。

刘晨

刘晨，剡县人，汉末与阮肇入天台山采药，迷了路，在山里挨了十三天。他们又饥又渴，偶然看见山上有桃树，果实累累，两人就摘了来吃，不久就恢复了体力。于是匆匆下山，在溪边喝了些水，正喝着，忽然水上漂来一只杯子，杯里还装有胡麻饭。两人一见大乐，心想附近一定有居民，就飞快地爬过山，渡过一条大河，河边有两个女子，非常美丽，看见他们拿着杯子，就笑着说："刘阮两位先生拿杯子来了！"

刘晨和阮肇听了很是惊讶，他们面面相觑，目瞪口呆。两位少女像老朋友般对他们说："你们怎么来得这么晚呢？"就邀他们回家。

女郎的家非常豪华，四壁都悬有罗帐，帐角挂着金铃，珍珠宝物不胜枚举。她们还用了不少婢女，各人拿着不同的餐具，里面盛满胡麻饭、山羊脯、牛肉等，味道非常鲜美。吃完之后，又端上桃子来，并且齐声向二女郎恭喜，恭喜她们得了佳婿。然后又饮酒作乐,一直闹到深夜。女婢们就送他们上床,两位少女也羞答答地投入了他们的怀抱。

  这种醇酒美人、笙歌醉梦的日子过了十几天,阮刘二人想要回去,却被少女苦苦挽留,又住了半年。而当地的气候草木却一直像春天,鸟儿一叫,他们更想家了。少女再留他们不住,只好送他们走,临行前少女叹息道:"你们人世间的罪孽还没有了,将来会后悔的!"于是就指示他们归路,放他们回家。

  阮肇和刘晨回到故乡,才发现房屋街道都改变了,人事全非,所有亲朋故旧连一个都不存在了。一问之下,原来在这段时间里面,人间已经过了七代了。他们又惊讶又感慨,无可奈何,只好再上山去,但是这一次他们再也找不到少女的住处了。

  后代文人为了纪念一段浪漫的游仙故事,特别谱制了一个词牌,题目就叫"阮郎归",而阮、刘的典故也就在诗词歌曲中一直流传到今天。李商隐的《无题》诗中说:"刘郎已恨蓬山远,更隔蓬山一万重。"用的可能就是这个典故,事实上这个美丽的典故是许多诗人词客所喜爱的。

王乔

  王乔是河东人,汉明帝时做过尚书郎,后来外放做县令。汉朝法令规定京畿内的官员每个月初一要回京朝见皇帝。而王乔虽然远居外县,却每月准时回京朝觐,皇帝觉得很奇怪,因为从来不见王乔乘坐车骑。于是就命令太史暗中侦探。结果发现每次他来总有两只水鸟从东南方飞来,皇帝就下令用网子来捉,没想到落在网中的竟是御赐给尚书的官鞋一双。

王乔每次上京朝见皇帝的时候，县衙门外的鼓就会自动发出声音，咚咚的鼓声一直传到京城。有一天，一副白玉棺材从天而降，落在他堂前，众人合力也推移不开，王乔说，这是上天召我回去了，于是就沐浴睡在里面，玉棺自动合了起来。他过世那天晚上，县里的牛都流汗喘气，没有人知道原因。百姓为纪念他而立了一座庙，称之为"叶君祠"，有求必应，非常灵验。

张道陵

张道陵，字辅汉，是张良的八世孙。他身长九尺三寸，浓眉大脸，红顶绿眼，鼻子高挺，眼睛有三个角。垂手过膝，有浓密的胡子，龙行虎步，十分威武。汉光武建武十年生于天目山，他母亲梦见巨人自称是魁星下降。身穿锦绣并且拿了一枝奇花给她。他母亲接过来就醒了，只觉得满室异香，整月不散。由此感应而怀孕，张道陵诞生那天，有黄云笼罩在房子上，紫气弥漫在庭院中。房间里光华如有日月照耀，并且又闻到梦中的异香，久久不散。

张道陵自幼聪慧过人，七岁就读通了老子的《道德经》，天文地理河图洛书也无不通晓。后来被选为贤良方正的官，然而虽然做官，而他却志在修道，不久就隐居到北邙山里，有一只白老虎衔神符送到他座榻旁。汉和帝曾经赐他做太傅，并封他为冀县侯，三次下诏他都婉拒了。他后来到了四川，爱上四川的山明水秀，于是就隐居在鹤鸣山上。山上有只石鹤，每次一叫就表示有得道的人来了。张道陵在此苦心修道，不久就听见神鹤的叫声。

张道陵和弟子王长一起修炼龙虎大丹，一年有红光照室，两年有青龙白虎来保护丹鼎，三年丹成，他也就成了真人。不久他又遇到神人指点，修成了最高的道术。他能飞行天上，能听见极远的声音，又能分身隐形，比如他能一面在池上划船，同时又在堂上吟诗，变化万千、神奇莫测。

顺帝年间某夜，太上老君降临在他住的地方，授给他雌雄剑和许多符箓，要他诛灭横行四川的六大鬼神。张道陵精修千日，炼成了种种降魔的法术。不久八部鬼帅各领鬼兵共亿万数为害人间，他们带来各种瘟疫疾病、残害众生。张道陵于是在青城山上设下道坛，鸣钟扣磬，呼风唤雨指挥神兵和这些恶鬼大战。张道陵站立在琉璃座上，任何刀剑一接近他就立刻变成了莲花。鬼众又放火来烧，真人用手一指，火焰又烧了回去。鬼帅一怒又招来千军万马重重包围，不料真人用丹笔一画，所有鬼兵和八大鬼王都纷纷叩头求饶。但是他们口服心不服，回去后又请来六大魔王，率领鬼兵百万围攻青城山。张道陵神闲气定，不为所动，他只用丹笔轻轻一画，所有的鬼都死光了，只剩下六大魔王倒在地上爬不起来，只好叩头求饶。张道陵再用大笔一挥，一座山分成两半把六个魔王困在里面，动弹不得。于是魔王只得答应永世不再为害人间。

由于张道陵除魔去病，救活万人，百姓都跑来追随他，拜他为师的一时竟达好几万人。张道陵就把他们组织起来，并且订定律令、分配职务，教给他们道理，劝他们努力行善，就这样慢慢成立了道教团体，而张道陵本人也就名副其实地成了道教的祖师。

东汉桓帝永寿元年九月九日，在四川赤城渠亭山中，上天派遣使者持玉册，封张道陵为正一真人，他在飞升前授给长子衡斩邪二剑，叫他要驱邪诛妖，佐国安民，世世由一个子嗣来继承他教主的地位。嘱咐完毕，张道陵就和弟子王长、赵升三人一起升天而去，而他所创立的道教一直在民间流传到今天，由于他规定入教者需交五斗米，因此也称"五斗米教"。

王远

王远字方平，东海人。他在东汉时任过中散大夫，博学多闻，天文地理无所不通，并且还能预知吉凶。桓帝屡次召他做官他都不去，最后派人把他逼到京城。但是王远始终低头闭目，不肯答话。只是在宫门上题下了四百多个字，都是有关未来要发生的事，桓帝很讨厌这些不祥的预言，派人削了去，然而外面的字才削去，里面的字又浮现出来，墨迹一直浸透了木材。

王远寄居在太尉陈耽家里四十多年，陈耽家里因此一点疾病都没有。有一天王远对陈耽说："我的大限就要到了，不能再耽搁。明天中午我就要走了！"到时候王远果然死了。陈耽知道他有道术不敢即刻收殓，只敢哭泣烧香。隔了三天三夜一看，王远已经不见了，而他的衣服却好好的还没有解开，就像蛇的蜕皮一样。

王远去后一百多天，陈耽也过世了。据说陈耽也得了王远的道术而追随他成仙去了。

东汉末年，朝政衰乱至极，有心的儒生试图以清议来批评时政，结果牺牲惨重。道士对政治不像儒家那样积极参与，但是他们风骨俨然，像王远不顾生死、坚持预言都是令人肃然起敬的，他们"进言"的方式也更神奇有趣。《易经》里说隐士"高尚其事，不事王侯"，王远对桓帝不加理会是很有勇气的，也正因为他能预见未来，所以才不积极参与政事的吧！太史公说"老子深远"，大概就是这个意思吧！

蔡经

蔡经是姑苏人，东汉桓帝时，仙人王方平降临在他家，对他说："你将来会成仙，因此我特地来教导你。可是你气少肉多，不能立刻上天，应该学尸解术。"于是王方平就把原则告诉他，然后飘然离去。

不久以后，蔡经果然浑身发热，三天当中瘦得形销骨立。他跑进寝室用被子蒙住全身，不一会儿竟然消失不见，被子里只剩下一层人皮，像蛇蜕化去了一般。

十几年后他才再回家，一副返老还童的样子，他告诉家人说："七月七日王方平还会再来，应该做酒数百斗来招待他。"到了那天王方平果真来了，全家人都听见笙箫鼓乐的声音。只见王方平戴着远游的帽子，五色带上挂着宝剑，脸呈金黄色，留着小胡子，乘五龙车，前呼后拥，旌旗飘飘，威风一如大将军。王方平一进门，侍从都隐没不见。全家人向他行过礼，王方平就派人去请麻姑来，原来麻姑就是王方平的妹妹呢！一会儿麻姑也来了，蔡经全家人都看见这位美丽的仙女。她的年纪大约有十八岁，头上梳了一个髻，其余的发丝散垂至腰。她身披锦绣，光彩夺目，都是世间看不到的。坐定之后，麻姑想见蔡经的母亲和妻子，当时蔡妻刚生产才几天，麻姑一看就知道了，就叫她不要过来了。随后她抓了一点米，丢在地上变成了丹砂，王方平就笑她说："麻姑妹妹，你还喜欢玩小时候的游戏呀！"麻姑回答说："自从上次分手以来，东海已经三次变成桑田了。刚才我看见蓬莱的海水又浅了不少呢！"王方平笑着说："圣人也说海中不久又要扬起灰尘了呢！"

麻姑的手指细长如鸟爪，蔡经暗中忖度，如果背上发痒的时候，借麻姑的手指一抓该是多么舒服的事。这念头才一起，王方平就察觉了，就用鞭子抽打蔡经，并且告诫他说："麻姑是神仙，你怎可妄想用她的手指来搔痒呢？"

后来蔡经的父母问他王方平平常都住在什么地方，蔡经回答说："他常住在昆仑、罗浮、括苍三座山上。三山都有宫殿，王方平平常掌理天上的事务，一天之中要和天仙来往几十次。而他出入乘的是一匹麒麟，所过之处，山海诸神都来迎接。"蔡经本人后来也成仙升天，他偶尔回家看看，留下很多书法，笔触神奇有力，据说大书法家王羲之、颜真卿都见过。

子英

子英是舒乡人，他擅长下水捕鱼。有一次捉到一条红色的鲤鱼，子英见鱼的色泽美丽可爱，就把它蓄养在池子里。过了一年，居然长到一丈多长，并且还生出角和翅膀。子英很诧异，不想那条怪鱼竟开口对他说："我是来迎接你的，今天要和你一起升天！"说完立刻就下起大雨，子英跨上鱼背，飞升而去。

一年后子英又回来了，他仍旧和妻子一起进餐，几天后鱼又来接他，就这样连续七十年，因而当地还保有子英祠来纪念这位升了天还不忘老伴的仙人。

神仙传：造化的钥匙

董奉

董奉字君异，侯官县人，他在刘备治下的四川做过官，他不但通道术，并且精于医术。他行医从不收钱，但重病者痊愈之后，他会要求他们种五棵杏树，病比较轻的就种一棵。这样看了好几年病之后，他的院子里居然有了七万多棵杏树，茂盛得像座树林，很多野兽都跑到树下来游戏，最奇怪的是，这些树下从来也不生杂草，永远都像刚剪除过似的整洁。

每当杏子成熟的时候，董奉就在树下设一仓库，并且宣布："谁想买杏子，不需要花钱，只要自己拿一箩谷子来换一箩杏子就行了。"常有些无聊的家伙，想用极少的谷子来换大箩的杏子，这时候便会突然出现一只老虎，在他背后一边吼一边追，直到他把多拿的杏子倒在地上为止。更有来偷杏子的，一到家人就死，但是只要这家人赶快送还原处，并且叩头认错的话，那人便立刻复活过来。从此再也没有人敢动杏林的歪脑筋。于是董奉就将所得的谷子拿出来救济贫穷人家，每年都要布施约三千斛之多。

董奉升天后，他的家人继续守着杏树林生活，逢有来偷的，老虎也依旧出现。后来百姓为了感戴他的恩德，就在杏林中为他立祠。直到现在，中国人称医学界为杏林，就是由董奉种杏的故事而来的。

介象

介象字符则，会稽人，通五经百家各种学问。他能写一手好文章，更长于仙道之术。他曾到东岳去学了一些很特殊的法术，比如，能燃烧茅草来煮鸡，结果鸡熟了而茅草居然不焦。他又能让一里内的人家不起火烧饭，能让鸡犬三天不叫，能让满城的人都坐着而不起身。他也能隐形，甚至变化成草木野兽。

有一次他远游了好几千里去求仙，结果都没有遇到，只好入山沉思。由于他太疲倦了，就卧在石头上休息，这时有一只老虎跑来要吃他，他惊醒过来就对老虎说："如果你是上天派来保护我的就不妨静静待着，如果你是山神派来试探我的，就赶快回去！"老虎点点头，摇摇尾巴就走了。

后来介象又到了谷山，在山上他看见有颗石子发出紫光，石子有鸡蛋那么大，他就取了两枚，当他经过谷水的时候，由于水很深他无法渡过去，忽然看见一个美女有十五六岁，颜色光润不同于常人，穿着五彩衣，飘飘然有如仙人一般。介象就向她叩头，并且求教长生不老的方法。仙女说："你赶快把石头放回原处，我在这里等你！"介象照她说的做了，回来一看，仙女果然还在等着。介象再度向她叩头，仙女说："你吃肉的习惯还没有断，等你斋戒吃素三年再来找我吧！"介象回去之后真的吃了三年素，回到山上，果然又见到了仙女，仙女给了他一个炼丹的方子。

介象回家以后还没有开始炼丹，就有人向吴主密告，吴主就把介象请进宫中，对他十分敬重，并且尊称他为介君，为他盖房子住，赐他金银宝物无数，请介象教他各种法术。

当时有个在山上种黍的，苦于猕猴贪吃，就说："你们再来，我就去告诉介君！"猴子听了，立刻都吓跑了。有一天，吴主和介象讨论哪一种鱼最好吃，介象说鲻鱼味道最好。吴主说："这种鱼生在海里，你有办法弄来吗？"介象说："没有问题，只要在殿前挖个坑，装满水，一钓就有了。"吴主听了十分惊喜，如法炮制，果然一钓得鱼。吴主又问："这鱼能吃吗？"介象说："这是专门为陛下而设的，怎么不能吃呢？"

介象好几次想辞别吴主回家，吴主都不答应。有一天吴主赐给他一箱梨子，介象一吃就死。吴主大惊，就把他厚葬在地下。没想到第二天介象居然活生生地出现在建业城，并且以吴主所赐的梨子送给执行葬礼的官吏，要他妥为种植，那个官吏很是诧异，就把实情向吴主呈报。吴主吓了一跳，立刻下令开棺验尸，不料棺中竟然空空如也，只有一支奏板，上面写着："抱歉，我走了！"

吴主因为思念介象，就在介象过去住的地方立祠纪念，并且亲自拜祭。常常有一只白鹤飞到座上，久久才飞去。后来他的弟子在尽竹山上看见他，手上拈着一枝白桃花，容貌比以前更年轻了。

道术中不可思议之处，常含有至深的寓意。比如烈火烧不焦茅草，这暗示道是矛盾的超越和统一，它能结合水与火、善与恶、死与生，换言之，它能超越相对世界。这个道理在《老子》《庄子》中都有充分的说明。

李阿

李阿是三国时代蜀国人，他看起来永远都很年轻。每天在成都市讨饭，得到什么就全部施舍给穷人。他每天早上来晚上去。没有人知道他的来历。当时有个叫古强的人，怀疑李阿是异人，就尾随着他跟他一起回家，就这样进了青城山。古强怕山中有老虎，就私藏了一把大刀，李阿见了很生气，说："你跟着我，哪里还用得着怕老虎！"就把刀往地上砍，砍成了一段一段的。古强心里还是担忧，第二天早上，李阿就问他说："你为刀折而担心吗？"古强答道:"我怕父亲会责备。"李阿就用刀再砍地面,刀居然完好如故。

古强有一天跟李阿回成都,在路上遇到有人拉车过来,李阿用脚去挡车子,脚骨裂开人也死了。古强守着他的尸体,不多久李阿又复活了。他的脚也一下子恢复了旧观。

古强十八岁时见李阿像五十多岁的人,等到古强八十多岁的时候,李阿的容貌一点没有老化,还是跟当年初见面时一样。

有一天李阿忽然对古强说:"昆仑山要召我去了!"从此再也没有人看见过李阿。

在佛教中有所谓降龙伏虎的罗汉,道教中也屡见不鲜,这一方面是人格修养的结果,去杀心、和万物;另一方面龙虎也是人欲的象征。王维诗"安禅制毒龙",毒龙猛虎都象征人性之大欲,要克服之变化之才能明心见性、与道相接。

左慈

左慈字符放,庐江人,他学道于天柱山,通变化,能役使鬼神。

曹操曾经召见他,把他关在一间密不通风的幽室里,绝食一年,出来之后容颜依旧。有一次曹操在大宴宾客的时候说:"今天什么菜都有,可惜少了松江的鲈鱼!"左慈就拿铜盆装了水,用竹竿来垂钓,不久就钓上了鲈鱼。曹操又说:"可惜没有四川的姜!"左慈说:"这个简单!"才说完,就从袖子里变了出来。

有一次曹操到郊外出游,士大夫一起去的有百余人。左慈为他们变出酒一升、肉一斤,亲手倒酒切肉,百官居然个个都酒醉饭饱。曹操大吃一惊，问他是怎么弄的，再一看他的行囊里，酒肉都不见了。曹操非常厌忌左慈的道术，因而想要把他给杀了。这个念头才动左慈就察觉到了，他立刻闪入墙壁里，谁也找不到他。有人说看见他出现在城市里，曹操赶忙下令捕捉，不料所有城里的人一下子都变成了左慈的形象，完全无法分辨。又有人说看见左慈出现在阳城山头，曹操又去捕捉，左慈却化身做羊，躲进了羊群。曹操知道自己无奈他何，就下令说不再捉他了，刚说完只见一只老羊拱手站起来说："是真的吗？"话音一落，曹操又想捉他，不料群羊一同变成老羊，异口同声地说："是真的吗？"

曹操无法分辨，最后只好认输放弃。

自古雄猜阴刻之主不但猜忌文人学士（知识分子），同样也猜忌道术之士。因为思想是最灵活自由不受控制的，道术更是神奇莫测，不可方物。这对于极权专制都构成无形的威胁，因此学者道士遭迫害也史不绝书。然而人类文明究竟离不开知识和真理，焚书坑儒也终究要归于失败。人之异于禽兽者几希，知识、真理毕竟是人类的希望、文明的光荣。

王梵志

王梵志是黎阳人，当地有个人叫王德祖，他院子里长了棵林檎树，树干上生了个斗大的瘤，瘤烂了之后，王德祖把上面的树皮剥掉。不料从树干中竟出现了一个小孩儿，他自己抱着胎衣就跳了出来。

这个从树里生出来的小孩儿长到七岁时才会说话，他一开口就问："我是谁生的呀？"王德祖据实以告，因而就取名叫梵天，后来又改名梵志。

王梵志平素除了修道就是作诗，他的诗也都充满佛道思想，总不外劝人修道。他的诗明白如话，却幽默耐读。有一首诗说："城外土馒头，馅草在城里。一人吃一个，莫嫌没滋味！"当然，土馒头不是别的，就是坟墓！

黄初平

黄初平是晋朝丹溪人，他十五岁那年在山上牧羊，遇见道士，道士把他带到金华山的一个石室里。四十多年过去了，他的哥哥黄初起到处找不到他，最后碰到一个道士告诉他，在金华山里有一个牧羊的小孩。黄初起立刻赶了去，果然找到初平。哥哥就问他羊到哪里去了？初平回答说羊都在山的东边，哥哥跑去一看，只见一堆白石，于是生起气来开口就骂。不料正骂着，那些石头居然都站了起来，变成了几万头的羊。哥哥大吃一惊，也丢下妻子学道去了。

羊在宗教神话中都扮演了重要角色，道教的法术常借羊以显示，基督更自称"牧人"，羊在古希腊祭典中也有神秘的含意。

兰公

兰公是山东曲阜人，平素非常孝顺，因而感动了星斗中的仙人下降到他家里。仙人自称孝悌王，名叫弘康。他对兰公说："后代将有真正的仙人来传我的孝道，这个人将成为众仙的领袖！"说完就送给兰公许多修道的经典和符卷，要他转送给丹阳黄堂靖的女仙谌姆,并且嘱咐他说:"将来有一个学仙的名叫许逊,你应和他一起修道!"仙人说完,就带着兰公到郊外去游玩。他们看见路边有三座古坟,仙人就指示兰公说:"这是你三生葬身的地方。第一个坟里留着你过去的衣服,第二个坟藏着你修炼的形体,第三坟藏着你所蜕脱的骨骸。现在你应该把坟移到路边,别让牧人给践踏了!"仙人讲完,就飘然升天去了。

兰公把仙人嘱咐的东西交给了谌姆之后,就回来把三个坟墓搬开。路人以为他是盗墓的坏人,就请县令来捉拿他。兰公于是说出了仙人的那一番话,并且当众掘开坟墓。大家一看,第一坟里果然有一件黄衣,第二坟中有一个童颜柔弱的人,表情像大梦初醒一般。第三坟中有一具连环骨。大家都看得目瞪口呆,县令就把衣服还给兰公,兰公穿上衣服立刻和坟中那人合而为一,众人还没有看清楚是怎么回事,他已经纵身跳上白云飞远了。

孝为百行先,不仅儒家尊之,道家也视之为修道之基,不孝之人连人都做不好,何况成仙?兰公的仙术难及,但他的孝悌却可学。

费长房

费长房是汝南人,他曾做过市井小官。

有一天城里来了一个卖药的老翁,他在店门口挂了一个壶,做完生意就跳到壶中,市人都没有发现这件怪事,只有费长房在楼上无意中窥见。他因为好奇就跑去拜访那位老翁,不料那位老翁居然和他一起都跳入了壶中。费长房定睛一看,只见壶中竟是富丽堂皇的玉堂,到处都是美酒佳肴,老翁请他同餐共饮,直到吃饱喝足了才又跳出小壶。老翁嘱咐他千万不可对别人泄露秘密。

久而久之，费长房和老翁成了好朋友，他俩经常在壶中饮酒作乐，谈得非常投机。有一天老翁送费长房上楼，告诉他，原来他是天上的神仙，因为犯了过失而贬在人间，而今刑期已满，他要回天上去了！他还问费长房是否愿意跟他一起上天，如果不行，老翁希望和他饮酒为别。

费长房叫人到楼下去取酒，酒很重，那人半天也没抬起来。他又叫十个人去扛，居然也举不动。老翁微笑不语，走下楼去，不多久，只见他用一个手指头就把酒壶给提上来了。费长房看看那些酒只有一升多一点，没想到两个人喝了一天都喝不完。

费长房很想求道，可是他不放心家人，老翁知道他的心意，就砍断一根青竹，长度跟长房一样，把竹子悬在屋后，家人见了都以为费长房上吊死了，举家痛哭，就把"他"给葬了。费长房站在旁边，而众人竟然看不见他，于是他就跟随老翁到深山修道去了。

老翁为了考验费长房的意志，变出许多幻术来试探他。他叫长房躺在空房里，屋梁上悬了块万斤的大石头，又放出一群蛇来咬那根绳子，眼看绳子就要断而巨石就要落下，而费长房动也不动。老翁就摸摸他的头说："你还不错呢！"第二次，老翁又叫费长房吃粪便，粪中还有三条虫子，又臭又脏，费长房不觉生起了厌恶之心，老翁叹息说："你几乎就要得道了，可惜却没有通过这项考验！"费长房自觉惭愧，于是就跟老翁告辞。老翁送他一根竹杖说："骑着这根竹杖，你可以随心所欲到任何地方去，到了之后不要忘了要把竹杖投在地上。"老翁又为他作了一道符，说："这道符可以役使地上鬼神。"

费长房跨上老翁送的竹杖，须臾之间就回到了家里，在他感觉中以为自己去了不过才十天左右,没想到实际上在人间自己过了十多年了。他把竹杖丢在地上,回头一看居然是一条龙。他的家人原以为他老早死了,看见他回来都惊讶不信。费长房说:"你们往日所葬的我,其实只是一根竹杖。"家人掘开坟墓一看,棺材里赫然是一根竹竿!这才相信费长房所说的是真话。

费长房受了老翁的指点,现在已经能医治百病,驱使鬼神。有时他会一个人突然生起气来,家人一问,才知道他是在责罚鬼魅。有时又看见他一日之内出现在千里之外的好几个地方。

当时有个人叫桓景的,曾经向费长房学道。有一天他对桓景说:"九月九日那天,你家将有大灾难,你应该做个红色布袋盛着茱萸系在手臂上,然后去登高山,喝菊花酒,祸事就可以免掉了!"桓景照他的嘱咐做了,到了九月九日那天,他们全家大小都去登山,傍晚回到家里,发现牛羊鸡犬都暴毙了。由于这件事情,后来民间就有了九九重阳、登高的风俗。历代的诗人墨客也为此作了不少好诗,其中最有名的就是王维的那首《九月九日忆山东兄弟》:

独在异乡为异客,每逢佳节倍思亲。
遥知兄弟登高处,遍插茱萸少一人。

至于费长房,他本人虽有法术,但是最后并没有成仙。倒是教他道术的那位老翁,他虽没有留下名字,但是他的奇特行径却颇为后世称道。直到现在我们说医生"悬壶济世",这句成语就是从老翁来的。

王质

　　王质是晋朝衢州地方人。有一天他入山伐木，不觉走到石室山，看见石室中有几个童子在下棋，王质就放下斧头在一边观看。正看着出神，有个童子拿了个像枣核似的东西给他要他含在嘴里，王质好奇就接了过来，没想到他只吸了点汁液，就不觉得渴也不觉得饿了。

　　过了一会儿，一个童子对他说："你来已经很久了，应该回家去了！"王质拿起斧头，不料那把斧头的木柄已经烂掉。他大吃一惊，赶紧跑下山去，到家一看，人间已经过了好几百年，亲戚老友一个都不存在了。王质若有所悟，索性又回到山上，不久也得了道。

　　"洞中方七日，世上已千年"，这种古老的传说在现代似乎难信，但是由相对论我们知道，时空都不是绝对的，某个星球上的一天可能是另一星球上的一年，时间长短和我们的意识有相关性。古来高僧入定，常有"一念三千"、"刹那万劫"之说，这是真实的体验，可惜我们凡夫只能理推，难以实证。不过王质烂柯的故事，却可以具体说明这个道理。美国作家欧文的"李伯大梦"也有相同的境界，这是世界性的传说，说法不同，道理却是一个。

蓬球

　　蓬球字伯坚，北海人。晋武帝泰始年间，他到山中去伐木，忽然闻到有异香扑鼻，蓬球忍不住好奇，就随着风向去找，不久山岩居然自动打开，只见里面出现了华丽的宫殿和巍峨的楼台，蓬球偷偷走进去，又发现有五棵玉树亭亭玉立，在树下有四个仙女在下棋。当她们发觉有人进来，都跳起来说："蓬生，你为什么到这里来？"蓬球只好据实以告。仙女听完又放心下棋去了。

蓬球在树下半天，肚子饿，就用舌头去舔叶子上的露水，忽然有一个仙女乘鹤飞来，喊着说："玉华，玉华，你们怎么能让俗人进来！"蓬球一惊，拔腿就逃，再回头，一切都不见了，等他回到家，人间已过了好几代了。

孙登

孙登字公和，他住在汲郡北山上的石窟里。夏天编草当衣服穿，冬天则披着头发来取暖。他善于长啸，喜欢读易经，没事就弹一把一弦琴，性情温和，没有喜怒的变化。

当时的名士嵇康曾和他交往，经过三年，嵇康却始终问不出孙登的志愿。但孙登的神妙却是嵇康所折服的。有一天嵇康向孙登道别说："跟您交往这么久了，难道不能给我一点指教吗？"孙登说："你了解火性吗？火天生有光却不用光，人生有才却不用其才，要用光就得薪柴来保光明，用才就要有识见来保住生命！"嵇康又请教琴艺，孙登却不肯教，他说："你的才多但是见识不够深远，恐怕要遭祸！"后来嵇康果然被害下狱，他这才后悔地作诗说："昔惭下惠，今愧孙登！"至于孙登，他不久得道升天了。

老子说"光而不耀"，这个道理由孙登解释得非常清楚透彻。

葛玄

葛玄字孝先，丹阳句容人，别号葛仙公，他跟左慈学道，曾和宾客吃饭谈变化的道理。客人要求他表演一手，葛玄就咳嗽一声，口中的饭立刻变成几百只大蜜蜂飞集在客人身上，葛玄再张口，蜜蜂又都飞回去变成了饭粒。

葛玄的法术很多，他能指点石人让他走路，又能指着蛤蟆昆虫及燕雀等歌舞。他请客的时候，能在冬天变出瓜枣、夏天变出冰雪。有一次他拿几十个铜板要人扔进井中，然后又在井边呼唤，那些铜板一听呼唤居然一一飞出井底。葛玄和客人对饮时不必自己拿杯子，杯子自动会飞过来。

晋武帝有一次找他去，问他久旱不雨，能不能造点雨，葛玄说可以，就画了一道符贴在农舍中，不久就下起了倾盆大雨。

葛玄曾经路过一个神庙，凡是经过那里的，距离百步之外都要下车徒步，否则就会遭到不利。庙旁有大树几十棵，上面有禽鸟，人都不敢冒犯。葛仙公不理会这些，命令车子一直开过去，这一开果然引来了大风，尘埃满天，侍从都惊慌失措。仙公大骂："小鬼竟敢无礼！"他一举手指风，风立刻就停了，他又画了一道符，要随从贴在庙门上，一贴树上的鸟都跌下来死了，而庙也自动烧毁了。

有一次葛仙公路过武康，看见一户人家在发病，原来是有妖怪附体，妖怪请仙公喝酒，仙公拒绝，妖怪骂出脏话。仙公厉声训斥他说："妖鬼竟敢无礼！"说完他立即召来五伯，把妖怪给捆了起来，绑在一根柱子上。一时只听见妖鬼被重重鞭打的声音，血流了满地，妖怪终于认罪。

又有一次葛仙公路过华阴，看见一个书生被蛇精所迷，仙公就化身成一个农夫，赶着黄牛耕田，他一面耕一面对那个书生说："你陷身在这可怕的地方，你的妻子是条蛇呢，它前后吃过不知多少人！"书生不信，仙公就领他去看一口古井，井中堆满了人的白骨。书生大惊失色，仙公又叫他暗中察看，发现妻子真是一条蛇，张牙怒目地盘踞在帷帐中，身边还跟着一条小蛇。仙公趁其不备，拔剑砍去，立刻就有无数小蛇跑来援救，仙公把它们全部杀光。离去前，仙公给书生一道符，书生吃了以后，居然排泄出许多蚯蚓蛤蟆之类的东西。书生因此而捡回一条命。

葛仙公曾经在荆门紫盖山修炼，天寒地冻，而仙公光着脚，衣衫褴褛。当时有个姓屈的人家，他的两个女儿看见仙公而心生怜悯，就织了一双鞋子送给他穿。但是等她们到达，仙公已经离去，只剩下炉子，灰烬还是热的。二个少女拨开灰烬得到一粒神丹，姐妹分别吃了半粒，从此精神健旺，不饮不渴，最后据说也成了仙。

葛仙公曾经和吴主各乘一条船到三江口，当时起了一阵风，许多船只都沉没了，仙公的船也不知去向。吴主不禁叹息道："葛仙公既然有道，为什么不能免祸呢？"过了一晚，他忽然看见仙公从水面上走了过来，脸上还带着醉意。他对吴主道歉说："昨天是伍子胥硬邀我去喝酒，因此耽搁了陛下的行程！"

有一天仙公去游会稽，有个商人从海中回来，经过一个神庙，庙祝邀他捎封信给葛仙公，说完就把信放在船上。这个商人回来以后就转交给仙公。仙公开信一看，原来是东华山童君的来信，信上题的是"太极左宫仙书"。世人这才知道，原来葛玄老早就在天上挂名了。

仙人琴高听说葛玄得道了，就老远从东海骑着两条鲤鱼来拜访他。仙公和他对饮，琴高不觉陶然大醉，就高卧在白云深处睡觉。酒醒之后，那两条鲤鱼已化成了石头。仙公就送给琴高两只鹤，让他骑了回去，而那两条鲤鱼所变成的石头，据说一直到现在还保存着呢！

吴猛

吴猛字世云，濮阳人，他从小就很孝顺，在吴国做过西安令。他曾得到仙人的指点，精通各种法术。

有一次他看见暴风大作，就画了一道符扔到屋顶上，立刻飞来一只青鸟把符衔了去，而风马上也就停了。有人问他这是怎么回事，吴猛说，原来南湖有船遇到大风，两个道士来向他求救，后来事实果然证明他的话是真的。

西安县令干庆死了三天，吴猛却说："县令的阳寿还没有结束，我要上天去为他请愿！"于是就躺在县令的尸体边，过了几天，居然和县令一同爬起来复活了。

吴猛每次渡江遇到风浪大作，就摇白羽扇划水而过，许真君升天那年，吴猛也乘着白鹿车白日升天。

吴彩鸾

吴彩鸾是吴猛的女儿，她年轻时就修成了道。唐代太和末年，有个书生叫文箫的，住在钟陵紫极宫，那年秋天他到西山去游玩，看见一个少女亭亭玉立，并且对他唱歌，歌声中道出了他的名字，充分表现出爱慕之情。他们俩脉脉含情地互相凝视着，直到歌声停止，原来这位少女就是吴彩鸾。彩鸾带着这位书生爬到山顶上的一间屋子，那里的摆设出奇的讲究，都是人间所看不到的精品。两人亲热了一番，忽然风雨大作起来，把家具都破坏了，风雨中出现一个仙童指着他们破口大骂："吴彩鸾为了私欲泄露天机，应该贬谪人间十二年！"于是吴彩鸾只好跟文箫回钟陵。

文箫本是个穷书生，生活很清苦，吴彩鸾为了帮助家计，就到城里去卖字，她每次下笔又快又好，每天卖一本，得金五缗，就这样写了十年，她也慢慢出了名，成了大家所佩服的女书法家。但是吴彩鸾本是神仙中人，等到贬谪的期限一满，她就和文箫两人回到西山去修炼，后来有人看见他们夫妇，一人骑着一匹老虎，在山峰之间飞行游戏。

破除情欲、超越生死，这几乎是各大宗教的基本律条。和尚要出家、神父不娶妻、道士也要清心寡欲。理学家所谓"去人欲，存天理"，也是这个意思。凡圣之分，就在这一念之间。世人向往"天人合一"却苦于做不到，也是因种种欲望看不破放不下。所以《红楼梦》中《好了歌》有云："人人都道神仙好，只有娇妻忘不了。"纵情声色不但不能成道，连世间的道德学问都做不成。易经上说"君子惩欲治愤"，也是这个意思。

许逊

许逊字敬之，号真君，南昌人。吴赤乌二年，他的母亲梦见有只金凤衔着珠子落在手掌上，她玩弄了一会儿就吞了下去，等到梦醒，忽然一阵肚子痛，因此怀孕而生了许逊。

上篇 神仙的故事

许逊自幼聪明过人,相貌也非常俊伟,他的性情很平和,从来不和别人争吵。有一次他跟长辈出去打猎,射中了一只小鹿,而母鹿却在一边不断用舌头舐着它。许逊看了心里颇有感悟,就折断弓箭,专心求学。他对经史天文地理音乐五行各方面都很精通,尤其醉心于神仙修炼的道术。他听说西安吴猛得了道,就跑去拜他为师,得到了吴猛的秘传。后来他又拜师郭璞,在逍遥山定居修道。当时他买了一座铁制的灯架,晚上就用来点灯。有一夜他看见油漆剥落的地方微微有光发出,他仔细一看竟是金子,第二天一早他就把这座灯架还给了卖主。

晋武帝太康元年,他被推选为孝廉,派到旌阳县做县令。那年他四十二岁,他平时教百姓要忠孝仁慈,勤俭忍辱。他判案如神,吏民都很服膺。收成不好的时候,老百姓交不出租税,许逊就用灵丹点瓦成金,叫人埋在地下,然后让那些交不出税的农民在上面耕种,他们才一下锄,就挖到了金子,于是就拿这些金子来交税,问题因此而得到了解决。

有一年县里流行瘟疫,老百姓病死的十有七八。许逊就用神方来拯救他们,一时治好了不少人。邻郡病人闻风而来的,每天都有一千多人。许逊于是插一根竹竿在十里外的河里,病人只要在竹竿下喝水就会痊愈。

许逊做了一段时间的县令之后,他预知晋朝要有变乱发生了,就放弃了官职回到老家。四川地方的百姓为了感念他的恩德,就在他所住过的地方为他立了生祠,家家都供着他的画像。他临走那天,来欢送他的人挤满了整个村庄,有人一直送了一千多里才回去,甚至还有人跟他回家,自愿侍候他而不回家的。

许逊有一次在树林中休息,有五个女童各持一把宝剑来献给他。许逊觉得很奇怪就接受了。没想到这五个女童也跟他一起回了家，每天练剑舞剑给他看，给他解闷，许逊这才知道原来她们就是剑仙，因此过了不久，许逊也学会了神剑的用法。

　　许逊曾和另一位道士吴君一起到丹阳黄堂去游玩，他们听说谌姆多道术，就去拜访她，并且请教妙道。谌姆告诉他们说："你们二位都是仙风道骨，有仙籍在天宫。过去孝悌王下降在曲阜兰公家里，曾对兰公说，后世晋代会有神仙许逊来传我的道术，他将成为众仙的领袖。孝悌王还特地留下了金丹宝经、铜符铁卷交给我保存以便等你来，我等了好多年了，今天正好交给你。"于是谌姆就选了一个黄道吉日，登上神坛，拿出孝悌王当年留下的那些宝物，全部交给了许逊。谌姆同时又看着吴君说："你以前曾经是许逊的老师，而今孝悌王的道术唯有许逊得到真传，你应该反拜他为师才对！何况在玉皇玄谱上，许君的品级极高，总领仙籍，所以你应该对他恭敬如尊长才是！"谌姆说完，两人谢辞而去。许逊临走时心里想，应该要每年来拜访谌姆才好，他才一动念，谌姆就知道了，她立刻对许逊说："你千万不要来，我不久就要回到天上去了！"她说着就拿了一把香草，朝南边扔去，说："你快回去吧，草落在哪里，你就为我在那里立祠纪念吧，每年秋天你去一次也就够了。"两人回去以后，到处寻找香草的下落，最后在距离住处南边四十多里的地方找到了，而当时那根草已经长得很茂盛了，于是两人就地建立祠庙，每年仲秋必来朝拜。

　　开始的时候，许逊到祠里去，发现乡民杀牛羊来祀神并且说不杀生则神会发怒降祸。许逊说："这一定是有妖怪作祟！"他就睡在旅舍中，召来风雷，把当地的林木都拔光了。第二天他通告乡里人说："妖怪已除，不必再杀生为祭了！"

又有一次许逊看见乡人由于水源太远,饮水非常不便,他就用杖刺穿地面,涌出泉水让乡人喝,这道泉水纵使闹旱灾也从不枯竭。

某次许逊在四川一个朱姓友人家中受到殷勤的礼遇,他很高兴,就画了一棵松树在朱家墙壁上。后来蜀江决堤,江水泛滥,城里的一切都冲毁了,唯有这面画有松树的墙壁丝毫无损,朱家一家人因此保全了生命财产。

许逊曾经在艾城黄龙山炼丹,山中有蛟魅,动不动就发动洪水冲毁房舍船只。许逊于是请来神兵把蛟抓住,钉在石壁上,从此再也不能为患,许逊又路过西安县,当地土地公出来拜见他,许逊就问他有没有妖怪为害百姓,土地公回答说,有蛟害民,但它听见许君要来,早已逃到鄂渚去了。许逊立刻追到鄂渚,路上碰见仁老人,一边指一边说:"蛟藏在前面桥下!"许逊上了桥,持剑大骂,蛟一惊立刻蹿入大江躲在深处,许逊又召来神兵追赶,蛟从上流跳出,许逊一剑就把它给杀了。后来他又听说新吴地方也有蛟,许逊这次改了个方法,他在巨石上画符,作了一篇镇蛟文,从此蛟再也不能出来为害。另外在上缭也有一条大蛇,据山为穴,吐气成云,周围四十里内的人畜在它呼气范围内的,都被吞没了,无一幸免。江湖上的舟只,常常被这只大蛇撞翻。许逊知道了这件事,就集合了弟子一同去追杀。当他刚刚抵达,远近居民三百多人都闻风赶到,向他诉苦求援。许逊答应一定为他们除害。他赶到大蛇盘踞的所在,祭出神剑,大蛇吓得钻进洞里。许逊又画符召海神追赶,大蛇爬了出来,它举起头来竟有十丈多高,眼睛像火把,毒气冲天,乡民都大喊大叫来助阵。这时许逊呼风唤雷,指挥神兵,一拥而上,把它镇压住不能动弹。许逊纵身而上,他一脚踩住蛇头，一剑劈成了两段。他的弟子同时刺开了蛇腹，有小蛇从里面爬出来，长好几丈，弟子举剑要斩，许逊说："小蛇没有为害百姓，不可随便乱杀！"小蛇恐惧地跑出了六七里，听见人声嘈杂，还不断回头来看它的母亲。许逊的弟子再次请求去追杀，许逊却说："这条小蛇一千二百五十年后将要为害百姓，到时候我会亲自出来杀它！现在且以坛前柏树为证，当树枝垂到地上时，就是我出山杀蛇之日！"他又做了一个预言说："我升天后一千二百四十年里，豫章地方将出现八百位地行仙，他们会发扬我的教义，当江心忽然生出沙洲掩过沙井口时就是那一天到了。那时小蛇如果为害，八百地仙自然会杀了它！"就这样，小蛇趁机逃之夭夭。许逊说："大蛇虽死，精魂还在，这家伙已经通灵，一定知道我的想法，我怕它偷袭郡城以为报复，我必须赶回郡城去！"

　　许逊由于道术高明，远近驰名，有好几百人想做他徒弟他都不收。他只是暗中把炭变成美女，夜里放到弟子们的住处去试探。第二天早上看看那些没有被诱惑的只有十个人，其他的都惭愧地走了。许逊就带着两个最好的弟子回郡。他们在郡里游览时遇见一个少年人，风度翩翩，一表人才。少年自我介绍，说他姓慎，彬彬有礼、应对自然，介绍完就走了。许逊告诉弟子说："刚才那个少年并不是人，它就是那只老蛟，故意化身来试探我的。它的形貌固然逼真，但是腥风逼人，我因此故意假装不知，让它丑态毕露。"许逊和弟子继续追查，到了郡城江边，老蛟化成一只黄牛躺在沙滩上。许逊剪纸变出一只黑牛去跟它斗，又命令弟子偷偷持剑过去，等两牛斗得不可开交，就一剑砍了过去，砍中了黄牛左腿，黄牛奔入城南井中，许逊画符追踪，发现它到长沙贾谊井中变成了人形，现在已经跑进贾玉使君的家里。许逊追了去，高声斥道:"江湖蛟精,害人不浅,我已经来到,你还不快快出来!"蛟精计穷,只好现出原形,趴在地上,被吏兵所杀。许逊用法水一喷,两条小蛟也死了。

许逊回到豫章,而老蛟的余党很多,都怕被杀,于是都变成人形,在城市里闲逛。他们跑去拜访许逊的弟子,谎称说:"我家住长安,世世行善,听说你们的老师许真君有一把神剑,不知道性能如何?"弟子回答说:"我们老师的神剑,指天天裂,指地地坼,指星辰则星辰错乱,指江河则河水逆流,万邪都抵挡不住,而长受圣贤所守护!"蛟精又问:"有没有神剑所伤害不了的东西呢?"弟子就开玩笑说:"有的,神剑虽利,却不能伤害葫芦!"这些蛟精信以为真,于是一股脑的都变成了葫芦,连枝带蔓地漂浮了满江,想要借此开溜。许真君一早醒来感觉到妖气弥漫,往江中一看,就发现那些葫芦都是蛟精的化身,他把神剑交给弟子,踏水追杀,一个也没有剩下。神剑所触,江水都变成一片鲜红的血色。许真君说:"这里是蛟精的巢穴,不设法加以镇压,以后再出来为患,就不是常人所能制服的了。"他因而召来鬼神,在城南铸铁为柱,又在井外数尺之外拴上八条又粗又大的锁链,把地脉牢牢地锁住,并且又对铁柱施以咒语说:"铁柱如果歪了,蛟精即将再起,而我的弟子也将再度出来消灭他们。铁柱如果很正,妖怪就永远灭除!"经过这么一番部署,水妖全部被驱逐出城,百姓再也没有忧虑。许真君部署完毕后,又做了一个预言说:"铁柱镇神州,永不出奸宄,纵有兴谋者,终须不到头!"他这样做,是为了防范日后会有奸雄扰乱天下。

果然,到了明帝太宁二年,大将军王敦举兵造反,驻兵在慈湖,许真君和吴君一起去劝他休兵。王敦设宴招待他们。酒席上王敦问许逊说："我梦见一根木头冲破天空，不知吉凶如何？"许逊回答说："这不是好预兆！"吴君接着说："木上破天，是个未字，将军不可轻举妄动呀！"王敦一听脸色大变，就请郭璞来卜一卦，没想到郭璞看了卦也说不会成功。王敦很不高兴，就问："你看我能活到几岁？"郭璞说："将军如果起兵，大祸不久就要临头，如果返回武昌，则寿命不可限量。"王敦大怒说："你以为你能活几岁呢？"郭璞说："今天中午就是我命尽之期！"王敦大为光火，立刻命令武士把郭璞推出去杀了。许真君眼看出事，就扔一只杯子在地上，杯子变成白鹊飞绕在栋梁上，王敦抬头去看，许吴二君已经不知去向。后来王敦果然兵败，二君回到金陵，要租船去豫章，舟子告诉他们没有掌舵的人，许真君说："你只要闭目坐好，千万不要偷看，我自然会为你驾驶这条船。"说完，他暗中召来两条龙挟着船飞渡而去，渐渐升到天上，不久越过庐山顶，来到紫霄峰金阙洞。二君想要到洞中游玩一番，而那条船居然挂在树上，发出嘎嘎的声音。这是因为舟子忍不住偷看了一眼，龙一怒把他和船都舍弃在山顶上了，桅杆也折断散落在深谷中。许真君对舟子说："你不听我的话，现在怎么办呢？"舟子跪拜求助，许真君就教他吃灵草，断粮食，不久竟也得了不死的仙术。此后二君各乘一龙回乡隐居，十年之间不再过问世事。他们专心修道，平时表现和常人完全一样，不同的是，他们在的地方总有白鹤飞翔，彩云缭绕。虽然东晋开始天下一直扰攘不安，但是许真君所住的地方周围百里之内都平安无事，盗贼从来不敢进去侵犯。此外并且年年丰收，人畜平安，没有人知道这是怎么回事。

晋孝武帝宁康二年，许真君一百三十六岁，八月初一那天，有两位仙人从天而降，自称奉了玉皇大帝的命令，封许逊为九州都仙太史高明太使，并赐紫袍宝饰、玉膏金丹各一盒，同时还告诉他升天的日期。许逊于是就向乡里父老告别，又送给弟子十首劝诫的诗。到了那个月的十五日，他远远听见天乐飘飘的声音，祥云冉冉，羽盖龙车，云中站满了仙官仙兵和仙童仙女，前呼后拥，都一齐向许真君行礼。许真君登上了龙车，他命令最好的弟子在前面引导，而他的一家四十二口眷属也同时白日飞升，甚至还有鸡犬相随，好不热闹！

郑思远

郑思远年轻的时候是个英俊的书生，擅长历算。晚年拜师学道，隐居在庐江马迹山里。山上有老虎，虎母被人杀了，虎父也吓跑了，留下两只小老虎。郑思远非常怜悯它们，就拿食物饲喂。后来虎父寻找到思远家里，跪在地上向他叩谢，从此跟定了思远不肯离去。因此思远每次出游的时候，总是骑着老虎，而两个虎子则背负着他的经书和药材乖乖地跟在后面。

有一次郑思远遇到友人许隐，许隐正在患牙痛，非虎须不能治，郑思远征得老虎的同意，就动手去拔虎须，而老虎竟驯服地趴在地上一动不动地任他拔，许隐看得目瞪口呆。郑思远后来得道成仙，尊称为丹阳真人。

"捋虎须"是世间最险的事，但仁者无敌，爱心扩充到极致，可以感动凶顽，情通异类。郑思远捋虎须说明了仁能感通的道理。我们不能学到他的神奇，但何妨学学他的仁爱。

神仙传：造化的钥匙

郭璞

　　郭璞字景纯，河东闻喜人，博学多才，精通经术，然而他的口才却不大好。不过他文笔极佳，所作的词赋是晋朝第一流的文学作品。他天性爱好古文奇字，长于历算。曾经有个叫郭公的人旅居在河东，精于卜筮，郭璞拜他为师。郭公传授给他青囊书九卷，他因此而通晓了阴阳五行天文卜筮各种道术，能够趋吉避凶、消灾免祸，就是东汉的大师京房、管辂也比不上他的造诣。郭璞的门人赵载偷了他的青囊书，还没来得及读竟被火给烧了。惠帝怀帝之际，河东扰攘不安，郭璞预知天下要乱，就暗地里跟亲朋好友数十家一齐逃到东南部，投靠赵固将军，正好赵固所乘坐的良马死了，赵固深表惋惜，为此甚至不接见宾客。郭璞来到门口，看门的不为他通报，郭璞就对他说："我能使死马复活。"看门的一听大惊，即刻进去通报，赵固迅速地赶出来说："先生真能使我的马复活吗？"郭璞说："找壮丁二三十人，每人各持长竿，向东走三十里，有丘林庙社，就用竹竿拍打，打完会出现一个东西，即刻把它带回来，马就可以复活了！"赵固照他的话做了，果然得到一个像猴子的东西，带了回来，这个东西一见到死马，就凑着它的鼻子用力呼吸，顷刻之间那匹马就跳了起来，嘶叫如平常一般，而那个东西却不知去向了。赵固十分称赞郭璞的妙道，送给他许多礼物。

　　后来郭璞到了庐江，他劝太守胡孟康赶紧南渡，胡孟康不答应，郭璞心爱他的婢女，于是就拿了红豆遍洒在主人住宅四周。主人看见红衣人有好几千个包围了自己的家，但是再一看又消失了，心里十分厌恶，就请郭璞算卦，郭璞说："你家之所以如此，是因为不该收容这个婢女，你可以在东南二十里的地方把她卖掉，千万不要计较价钱，这样一来就可以除掉妖怪了！"主人立刻照办。郭璞就找人用很低的价钱买下这个婢女。然后他又投了一道符在井中，那好几千个红衣人忽然都把自己绑了起来，一个一个地跳到井里去了。主人看了大为高兴，而郭璞也就带着婢女走了。

过了几十天，庐江失陷，王导带兵渡江，他非常尊敬郭璞，特别礼聘他做参谋。有一次王导卜了一卦，郭璞说："你就要有震灾了。你应该向西方走十里，遇到一棵柏树就把它砍断，砍得大约和你的身高一般，把它放在寝室里，就可以免除灾难了！"王导照他的话做了，过了几天，果然有一天落雷，那根柏树被击得粉碎。

郭璞母亲过世的时候，郭璞把她安葬在暨阳，坟墓距离河水还不到百步之遥，当时大家都认为靠水太近了不好，郭璞却说："这里不久就会变成陆地！"后来坟墓周围几十里的地方都成了桑田。

有一次郭璞为人看风水，明帝化装成百姓暗中跟去参观。他问那块土地的主人说："怎么可以选择龙穴呢？这是要灭族的你知道吗？"主人回答说："郭璞先生曾说这里正是要葬龙用的，他说不出三年，天子就会在此出现！"明帝又问："是这里会出生一个天子吗？"那人回答："不是出生天子，是能使天子到这里来。"明帝听了不觉大为叹服。

郭璞的才学很受当时人敬重，然而他的性情平易，不修边幅，又爱好酒色，常常纵欲。他的朋友于宝时常劝他说："这不是修身养性的正道呀！"郭璞回答他说："我的天赋有限，常怕用不完，你何必担忧我纵情酒色呢！"

郭璞一向跟桓彝很要好，桓彝拜访郭璞时，常碰到郭璞和女人在一起。郭璞对他说:"你来的话,任何地方都可以去,就是不可以到厕所里去找我,否则我们两人都会遭祸!"后来桓彝因为喝醉了误闯进厕所,正好碰见郭璞在里面,他就在门后偷看,看见郭璞正披头散发,全身赤裸裸的在作法,郭璞一见桓彝,不禁叹息说:"我每次都嘱咐你不要到这里来,而你还是来了,不但我要遭殃,你也不免要倒霉了!这都是天意吧!能怪谁呢?"不久,郭璞就被王敦所杀,而桓彝也死于苏峻刀下。

郭璞临刑时曾问刽子手要到哪里去行刑,刽子手答说要到南冈头。郭璞说:"那一定是在双柏树下,树上还有大鹊的窠巢。"到了南冈头,一切果然如郭璞所预言的。

在这以前很多年,有一次郭璞曾经路过越城,偶然间遇到一个人,他就叫住那个人,并且说出他的姓名。郭璞解下腰带送给他,那人坚辞不受,郭璞说:"你尽管收下,以后就会明白!"那人才收了。没想到多年后,他们竟相逢在刑场,原来那个人就是负责要斩郭璞的刽子手。

郭璞在遇害以前,早已嘱咐家人准备棺材放在行刑的地点,并且遗命葬在江滨两棵松树之间,可见他早有先见之明。他被杀后第三天,南州市民又看见郭璞穿着平日的服装和朋友在街头聊天。王敦一听大惊,立刻开棺验尸,不料棺中空空如也,大家都说郭璞这是一种所谓"兵解"之术。

郭璞生前著述很多,他把先前卜筮应验的六十几件事情编纂成书,名为《洞林文抄》。还有《新林》十篇、《卜韵》一篇。他曾注释《尔雅》《方言》《穆天子传》《山海经》等书,他所作的十四首游仙诗尤其有名,为不朽的传世杰作。郭璞身后封为水府仙伯,他的儿子郭鳌后来做过临贺太守。

上篇　神仙的故事

视死如归，这不仅需要大勇，更需要大智，郭璞之视死如归和凡夫凭一时血气之激的愚勇在境界上是不可同日而语的。血气有时而衰，而且易于误导误用，大智之士逍遥于大道之上，哪里还有生死的执着和悲喜的痴情呢？

麻姑

麻姑是石勒时候的人，她是麻秋的女儿。麻秋天性凶暴，命令百姓修筑城墙，日夜都不准休息。一直到早上鸡啼才收工。麻姑怜悯这些劳苦的百姓，于是就常常假装鸡叫。她一叫，群鸡也都跟着叫了起来，修城的工作也就提早收班了。后来被她父亲发现，一怒之下要用鞭子处罚她。麻姑逃了，她逃到仙姑洞去修道，后来在北石桥飞升上天，百姓为了感念她就称桥为望仙桥。

孔子说"泛爱众"，基督说"博爱"，道家虽然清冷高远，但是在成道前，没有不经过积功累德、广修阴德的。而成道之后的救世济民事业，就不是凡夫的有限感官所能测知的了。博爱无私、行善无迹，这正是道的高明之处。

葛洪

葛洪字稚川，句容人，自幼好学，由于家境清寒，就亲自砍柴来换取纸墨，夜里写字念书，久而久之就成了有名的学者。他天性淡泊，没有嗜好，平时很少讲话，也不爱慕虚荣，每天关门自修，从不与人来往。有时他遇到书上有疑难的问题，就不远千里去请教高明，他特别喜爱神仙道术。当时祖玄学道得仙，就传道给弟子郑隐，葛洪就拜郑隐为师，完全得到了他的真传。不久之后他又拜师南海太守鲍玄。鲍玄精于道术，会占卜，他预见葛洪必成大器，就把女儿许配给他。葛洪得了鲍玄的传授，又通医术，他下笔千言，才学过人。王导慕名请他做官，他都婉拒了。后来葛洪听说交趾出丹砂，就自动要求去做个小官。皇帝因为大材小用，不肯答应，葛洪解释说不是为了虚荣，而是为炼丹，皇帝才答应让他去。

葛洪到任后住在罗浮山，每天炼丹，在山上七年，优游岁月，专心著述。他看见一般读书人只知道服膺周公孔子，而不相信神仙的事，不但讥笑而且毁谤，因此著书立说，共一百一十六篇，分内外两篇，名为《抱朴子》，以此来弘扬道教，成为道教的重要经典和理论基础。

他八十一岁那年写了封信给朋友邓岳，告诉他要到远方去拜师，立刻出发。邓岳接到信赶忙跑来准备送别，而葛洪那天中午，竟然端坐如睡，无疾而终。邓岳看见他面色如生、肢体柔软，移尸入棺，居然只剩一件空衣。葛洪哪里去了呢？这只有问神仙了吧！

淡泊明志、宁静致远、道德学问、舍此莫由。利欲熏心也许可以一时尝到权力的滋味和短暂的荣华，但真理和至福却属于心地单纯、返璞归真的人。

黄野人

黄野人是葛洪弟子，葛洪在山上炼丹的时候，野人常随侍在侧。葛洪成仙以后，留下仙丹在罗浮山柱石之间，野人找到一颗吃了，不久就修成了地行仙。据说他的肉身至今还存在，有缘的人偶尔还会碰到他呢。后来有人游罗浮山，睡在山洞里，夜里看见一个人赤身裸体没穿衣服，而全身都长满了长长的绿毛，于是就向他行礼，并且向他问道。那个绿毛怪人全不理会，只是长笑了几声，声音之大，振动林木。然后他又唱了一支歌说：

云来万岭动，云去天一色，
长笑两三声，空山秋月白。

有人说这个绿毛怪人就是黄野人。

范豹

范豹是四川人，他在支江百里洲修炼，呼出气来发出五色光，冬天也只穿一件单衣。桓温当权时，他的头发已经斑白，到宋文帝时容貌都没有改变。他能预言吉凶，因此有人问他是不是天上贬下来的仙人，他回答说："我曾经亲眼目睹周武王伐纣。"文帝召见他，范豹走过太子宫，用手指着宫门说："这里头有一只伯劳鸟，怎么竟养了个贼呢！"文帝心里很不高兴，就命令范豹投江自杀。

第二年范豹的弟子陈志夜半起床，忽然看见光明如昼，原来是范豹来了，他后面还跟着一个老翁。范豹对那个老翁态度很恭敬。陈志很好奇问那人是谁，范豹笑而不答，不久两人都走了。文帝听说，开棺一看，尸体早就不见了。

暴君往往痛恨真理，但真理之所以为真理，又哪里是一时的权势所能压抑消灭的呢？

刘纲

刘纲字伯鸾，晋朝时在上虞做县令。他和妻子樊夫人都有道术，能够驱使鬼神，变化多端。然而他俩暗中修炼，完全不让旁人知道。刘纲勤政爱民，很受当地百姓爱戴。在他县里完全没有水旱灾和瘟疫，每年都五谷丰登，家家安居乐业。闲暇的时候，刘纲常和夫人较量法术。比如，刘纲起火烧房子，火从东方起，而夫人立刻变出大雨，从西方把火扑灭。又如庭院中有两棵桃树，夫人用咒语使其中一棵的桃子自动落在箱子里，刘纲所咒的却几次都落在篱笆外。又如刘纲吐口水在盘子中，立刻变出鲫鱼，夫人吐口水变出獭，獭就把鱼给吃了。

有一次，刘纲和夫人到四明山去，半路碰到老虎，老虎趴在地上不肯起来，向刘纲不住吼叫。夫人马上走到老虎面前，老虎以脸向地，不敢抬头看夫人。于是夫人就用绳子把虎牵回家，并且系在床边。

就像这样，刘纲每次比试都赢不了夫人。最后他们要升天了，县衙里有棵大树，刘纲上树好几丈才能飞升，夫人静静地坐在床上，却冉冉地升了起来，轻巧得像一片云彩，两人一前一后地飞了上去。

也许在天上，两人还是不时要比一比法术吧，只怕比来比去，刘纲还是要甘拜下风呢！真是一对可爱的神仙伴侣。

庄子说："相濡以沫，不如相忘于江湖。"夫妻不该只是情欲的结合，也该是道德的同修、真理的同参吧。

东陵圣母

东陵圣母是海陵人，拜刘纲为师，后来得了道，能够变化隐形。她原来嫁给杜氏，杜不信道，常常对她发脾气，有时圣母为看病救人而出门，杜氏就加倍生气。最后居然告到官府，想要把圣母赶出家门。他的理由是圣母不管家务，官府信以为真，就把圣母关进监狱。但过了没多久，圣母竟从狱窗中飞了出来，许多人都看见这一幕奇景，圣母飞入云中，只在窗下留了一双鞋子。

乡人为圣母立祠祭拜，有求必应。时常有一只青鸟飞到祭所，有人遗失了东西，来问圣母，青鸟即飞到小偷的屋子上，因此乡里再也没有人敢行窃，成了一个路不拾遗的君子国。

交趾道士

万州城南有个道士，自称九十九岁了，是交趾人。他远渡重洋而来，由于船只损坏，所以在此结了茅屋住了下来。

道士养了一只鸡，只有蜘蛛那么点大，每天都放在枕头里，鸡一叫他立刻应声起床。另外又养了一只猴子，跟蛤蟆一样大，他用线把猴子系在桌脚上，道士吃过饭，猴子就跳上桌把剩饭吃完。他又养了只跟铜钱一般大的乌龟，把它放在盒子里，没事就拿出来把玩。

当时有个和尚惠洪法师，看见道士这些奇怪的小玩意儿，就跟他开玩笑说："先生你真是小人国里的司令神呢！"

佛家说"游戏神通"，交趾道士可说当之无愧。

王玄甫

王玄甫是沛县人，拜师异人邓伯元，在霍山赤城学道。他每天精修反观内照的方法，三十四年下来，居然能够透视自己体内的五脏，在黑夜不点灯也可以看书写字。

晋穆帝永和元年正月十五日，天帝派了一辆有翅膀的车子迎他上天，并且封他为中岳真人。

在庄子书中，提到所谓"疏瀹五脏，澡雪精神"，一般人都以为只是形容某种心理境界，也就是神志清明，但是道教本是实践之学而不只是理论，所以道家的许多哲学思想或者直觉的想象，到了道教手上就把它变成了实有的事，像王玄甫的透视内脏、夜间读书就是一例。

谢仲初

谢仲初是袁州万载人，在合皂山修道。得道之后，他回到故乡。经过县城西边的时候，他发现当地居然一片干旱，一点水也没有，他心想这里一定曾闹旱灾，土地上寸草不生，他没想到在自己隐居修道期间，家乡竟遭到这种不幸，他环顾四周，渺无人烟，不觉心生悲悯，感慨万千，自己已经修成了道，而家乡却遭了劫。

想着想着，他决定要为乡里做些什么。只见他嗖的一声拔出宝剑，然后轻轻往地上一刺，说也奇怪，地上立刻涌出了清澈香甜的泉水，顷刻间变成了一片湖泊。谢仲初再顺手一挥，变出一片竹叶，他就踏着竹叶渡过江去。

谢仲初最后在谢山飞升上天。

王嘉

王嘉字子年，陇西安阳人。相貌很丑，但风趣滑稽，爱开玩笑。他平时不吃五谷，不修边幅，也不和世人来往，独自隐居在东阳谷，挖了一个山洞住在里面。他能做预言，但是他的预言如同谜语，当时没有人听得懂，但事后想想都很灵验。

苻坚南征的时候，派人来向王嘉问卜。王嘉回答说"金坚火强"，说完了就骑上使者的马，整理衣冠，慢慢向东边走了几百步，然后再策马回来，脱弃衣冠，下了马，坐在床上闷不吭声。苻坚不了解他的意思，就再度派人去问他国运如何。王嘉答说"未央"，国运还没有断绝，苻坚非常高兴，以为这是个吉兆。不料第二年苻坚竟大败于寿春，秦国也亡了，原来王嘉的意思是一语双关，"未央"就是"殃在未年"的意思，苻坚南渡失败那年正好是癸未年。至于"金坚火强"的意思，原来是，晋朝在南方属于五行中的火，前秦位在北方是属于金，火能够熔化金，因此苻坚果然大败。

王嘉后来移居到嵩山，姚苌和苻登互相对峙，姚苌来问王嘉说："我如果杀了苻登，能够得到天下吗？"王嘉答称："可以得到一点。"姚苌大怒说："得就是得，什么叫一点！"一怒之下竟把王嘉和他的两个弟子给斩了。但在这同时，姚苌一个部将在陇右路上遇见王嘉和两个弟子正在逍遥漫步。姚苌不相信，下令开棺验尸，不料棺中只有一根竹杖，此外什么也没有。

苻坚和谢安的淝水之战是历史性的战役，可以说是关乎天下大势和汉族绝续的一场关键性大战。王嘉既已通道，对此重大事件当有先见之明。事实上，当时少数的有识之士也知道成败所在，可是苻坚为骄兵意气所激，当局者迷罢了。道人不以道术炫世惑俗，即使有所预言也是含蓄的暗示、委婉的点化，世人不察，因而有所谓"天机不可泄露"之说，其实天道并不神秘，古人说"有德者得，无心者通"，像苻坚和姚苌这些醉心权势、迷失本性的野心家，当然不会了解这个道理。

扈谦

扈谦是魏郡人，精通易经，曾在建康城里卜卦为生，他每天看五卦，一卦一百钱，他把三百钱奉养母亲，两百钱用来买酒喝，有剩的就布施贫寒。当天只要赚满了五百钱，就是有人想出一千钱他也不卜。

晋朝海西公有一天看见一条红蛇盘在龙床上，刹那间就不见了。他召扈谦来问卜，扈谦告诉他说：

"晋朝的江山如磐石一般稳固，只是陛下恐怕有退位的危险！"

海西公赶忙问道："能不能设法消灾？"

扈谦回答说："后年应该有大将军北征失利的事，到时候要损失三万人，这样才能消灾！"

后来大将军桓温北征，果然失败，回到石头城，真的废掉了海西公，别立简文帝。

桓温生桓玄时夫人难产，半天生不下来，扈谦卜卦说：

"你第六间马场围墙坏了，孩子才会顺利生下来。这是个男孩，声音洪亮，以后会震荡四海。"

桓温非常高兴，就送给他三十万，夫人也送了三十万，扈谦想推辞，桓温却坚持要他收下。扈谦得了钱，除了奉养母亲，每天看卦更少了，他只卜三卦，余钱就拿来请客共饮，也不管认不认识。直到有一天，他母亲过世了，扈谦将她安葬之后也就不知去向。好几天以后，有人在落星路边看见他躺在地上像是醉了，用手一推，才发现只是一件空空的衣裳，里面什么也没有。

中国古代有许多有道的贤士隐居在城里卜卦为生，其中最有名的如汉朝的严君平，他在成都城里卖卜，同时借算卦教人以道德，被他感化的人极多。他除了算卦之外，就研究易理，学问渊博、道术精深，清望之高，名动朝野。但他生性淡泊，无意做官，每天只看几卦，不营财利。他成为一种道德的典范，后代对他多有歌咏（如李白），像扈谦也是这一类的高士。当今的看命先生如果能有这种道德学问和借卦劝善的苦心，也还是值得我们敬重的。

麻衣子

麻衣子姓李，名和，天生一头绿发，而容貌十分俊美。他长大以后，对于污浊的尘世起了厌恶之心，于是就进终南山去隐居。有一天他无意间遇到一个道士，教他口诀，并告诫他说："南阳之间，涧水的北边，有座灵堂山，山中有个洞穴，你可以进去修道，不久可以修成真仙。"

麻衣子照道士的话去找，果然找到了那个山洞，他在那个洞中修了十九年，晋义熙年间，闹旱灾，居民张奭带了一大批人来求雨，麻衣子无计可施，爱莫能助，而来求助的人却越来越多。当晚有十二个少年人对麻衣子说:"如果他们再来请求,你就答应好了。"麻衣子诧异地接受了他们的建议。

第二天,天上忽然乌云密布,电光闪闪,不一会儿就下了倾盆大雨,老百姓都欢欣若狂,争相向麻衣子道谢,但麻衣子本人也莫名其妙,因为他并没有施任何法术。

那天半夜,原来那十二个少年又来了,他们一齐向麻衣子行礼,并且告诉他说:

"我们都是天龙,上帝看见先生修道将成,特别命令我们来帮助您行道罢了!"

刘宋大明初年,麻衣子一百零一岁,有一天他端坐在石榻上,灵魂却上天成仙去了。

至诚感天,麻衣子道心真切,所以感动天龙前来降雨,精诚所至,金石为开,学道如此,世事何尝不然?

鄞去奢

鄞去奢是衢州龙丘人,在崇仙宫当道士,家住在九峰山下,从小就爱学道术,乐此不疲。

三十多岁的时候,正值刘宋初年,他隐居在嵩阳县安和观,观北五里外有卯山,山高五十多丈,相传张道陵和叶静都曾在那座山上修道。去奢很仰慕他们,也就在当地结庵住了下来。卯山东南边有块两丈多宽的大石头,去奢时常坐在上面沉思默想。有一天他感动了天神下降,天神告诉他说:

"张天师有一把斩邪剑和一个盛丹药的瓶子藏在这块石头底下,你可以把它们拿去。"

鄤去奢并没有被神的话所动，他婉谢说：

"这块石头是上天放置在这里的，人力不能移动，我自愧不才，山居只求平安，不敢有非分之想，丹与剑我更不敢拿！"

天神听了很为感动，就对他说：

"只要你精进不懈，丹和剑自然会跑到石头外面来！"

过了三年，天神拿了丹和剑来送给去奢。他一看果真是张天师的七星剑，而丹药也还存在瓶中，有一斗多，像芝麻大小，有红光。去奢不但自己吃了，还把它拿来布施病人。

当时有个丽水县人华造趁着朝廷有难就占领了县城，朝廷无奈只好封他做刺史。华造非常凶暴，他听说鄤去奢有神剑和神丹，于是率兵包围了卯山，并且逮捕了鄤去奢，没收了他的剑和丹，把他囚禁在一间空屋子里。那时正好是炎热的夏天，鄤去奢一个月不进饮食，华造心想他一定死了，等开门一看，却只见鄤去奢的脸色更红润了。华造大吃一惊，赶紧恭送他回到山上，但是却留下了他的剑丹。那天半夜，风雷大作，剑丹在一道电光中飞腾而去，依然飞回去奢的住所。

鄤去奢住在山里十五年，他说时常在雷雨中看见飞龙、雷公和电母，还有其他许多鬼神，见到他都纷纷行礼。

有一次，他寄宿在道观，道士夜里听见去奢的房间里仿佛有谈话的声音。道士偷偷一看，只见在异香和环佩声中，有戴着远游冠，穿红色袍服，鬈发的男女好几个人共坐在一起，侍从都是童男女，有光明照身。又有神明站在远处守卫，态度非常恭谨。

有一天，鄤去奢告诉观里的道士说：

"我恐怕就要离开这座山了，以后不能常相见了！"几天之后，天上出现了朵朵彩云，仙乐飘飘，鄤去奢在山顶徘徊着，不久

神仙传：造化的钥匙

有仙官驾五色龙鹿来迎接他白日升天，山下的居民都目睹了这一幕庄严的奇景。

俗语说"万丈高楼平地起"，道术尽管极妙，但开始却是一念无欺。万善诚为本，千经万论所教人的不外一个诚字，孟子说"反身而诚，善莫大焉"，酆去奢能够彻底做到至诚无欺，难怪雷公电母、天地鬼神对他都恭敬有加了，我们不必向往神奇，但何妨从"正心诚意"开始建立我们的人格！

陶弘景

陶弘景字道明，秣陵人。他的母亲梦到青龙从怀里钻出来，又有两个仙人在旁边捧着香炉，不久就怀了孕。陶弘景自幼不凡，十岁那年看了葛洪写的《神仙传》，日夜研读，于是油然生起修道之心。有一次他对别人说："我看青云和白日都不觉得很远呢！"

陶弘景的父亲被妾所害，他记取教训，终生都不娶妻。长大后身高七尺七寸，英俊潇洒，仪表出众。他的相貌有几个奇特的象征：他的耳朵上有七十几根毛，长出耳朵两寸多。右边膝盖有几十粒黑子，排列位置像北斗七星。

陶弘景读书万卷，琴棋书画无一不精，二十岁那年，齐高帝请他做诸王侍读，但是他虽然身在帝王之所，却足不出户，不交权贵。唯一的爱好就是看经。

永明十年，他脱掉官服挂在神武门上，上表辞官，皇帝答应了，并且赐他每个月茯苓五斤、白蜜二升，用以协助他炼药。其他的文武百官也都拜他为师，供奉的物品堆积如山。大家都说，这是从宋齐以来空前的盛况。他的声望为朝野所一致推重。

辞官以后，陶弘景隐居在句容的茅山上，自称是华阳隐居。他写信落款都以隐居代替本名。从此遍游名山，寻访仙药，每到一个山谷，必静坐其间，吟咏徘徊，不能自已。他常对弟子说：

"如果以前我求官成功，必然为俗事牵累，哪里还有今天。可见修仙不但要有天分，还得要有缘分配合才行！"

当时的文豪沈约在东阳做太守，非常敬仰他的志节，好几次写信邀他，他都不去。陶弘景为人谦虚而圆融，心如明镜。永元初年，盖了三层楼，陶弘景住在上面，弟子住在中层，宾客住在下层，从此不再与外人交往。只有一个家童可以到他住的地方。他早年擅长骑射，晚年都戒掉不为，他唯一的兴趣就是吹笙，尤其是在松风庭园里，常常听见他悠悠的笙乐，他独坐在泉石之间，远望就像一个飘逸的仙人。

陶弘景喜欢著作，尤其精通阴阳五行变化的道理，对于山川地理、各地产物、医术药性、历史年代都有深刻的研究。他最佩服张良的为人，常说："古人里面没有一个比得上张良的！"

南齐末年，陶弘景根据当时的民谣和图谶，预言继齐代而起的必是梁代，因此梁武帝登基以后对他非常礼遇。当时陶弘景得到神符的秘诀，以为神丹可以根据神符炼成，只可惜缺乏药物，梁武帝知道了就赐给他黄金朱砂等贵重的药材，协助陶弘景炼成神丹。丹成之后吃了可以轻身，武帝亲自试过果然有效，因此对他更加礼遇。但是朝廷尽管多次请他做官，他总是婉拒不就，他画了两头牛，一头牛放在水草之间，一头牛则戴着黄金的枷锁，旁边有个人用绳子系着它。武帝看了画就笑着说："这位先生是不愿受拘束的，我们是不可能请他出来做官的！"虽然如此，但是每逢国家有任何大事，武帝都一定要来向他请教。因此当时的人都称呼他"山中宰相"。

陶弘景活到八十岁的时候，还是跟中年人一样健康，仙书上说："眼睛方形的人，可以享寿千岁。"陶弘景晚年，有一只眼睛时常会变成方形，他曾经梦见佛来告诉他，将来会修成正果，名叫胜力菩萨。因此他特别到鄮县阿育王塔去立誓，受了五大戒，成了正式的佛弟子。

简文帝巡视徐州时，钦仰他的大名，特别在后堂召见他。陶弘景戴着葛巾晋见，和文帝一连谈了好几天才离去，文帝对他非常敬佩。

陶弘景有个弟子桓闾，得道不久要升天了，弘景问他："我修道也好多年了，自问又勤又诚恳，为什么老是升不了天，难道是有什么过失吗？"他就委托桓闾上天去问一问。过了几天，桓闾由天上回来，告诉陶弘景说：

"老师的阴德阴功都极大，只是由于炼药时常用草虫水蛭之类的小生物，虽然对人有功，依然犯了杀生的小过，为了这个缘故，要等十二年后才能升天。"

从此以后，陶弘景就改用草木来代替生物，作了《别行本草》三卷，用来赎罪。有一天，他好端端地预知自己就要过世了，于是就作诗与大家道别。果然，大同二年他八十五岁那年与世长辞。他过世时颜色不变，肢体柔软，香气满山，几天都不散。他的著作有《学苑一百卷》《孝经论语集注》《帝王年历》《本草集注》《肘后百一方》等书，流传于后世。

在《庄子》里有个寓言，说与其进太庙作牺牲不如做泥中摇尾的乌龟，这种对精神自由的重视是道家一贯的主旨，陶弘景所谓

"黄金枷锁"也是此意。这种观念在现代看不免消极，但是却不能不承认其中颇有道理，对热衷功名之士，不啻一帖清凉剂。人生的终极目的不应以追求黄金枷锁为满足，世界之大，可以追求的当不只此区区宇宙微尘。出污泥而不染，这才是大丈夫之志，非将相所能为也。

桓闿

桓闿就是陶弘景的弟子，他侍候陶弘景隐居在茅山十多年。他的本性非常端正，淡泊无为。有一天，天上飞下来两个青童和一只白鹤，陶弘景欣然地迎接他们，以为是来接自己升天的。没想到青童却对他说：

"太上要接的是桓先生呢！"

陶弘景这才发现一直默默为他服役的桓闿竟然已经先他而修成大道。于是就问他是怎么修成的。桓闿回答说他每天都向天帝朝拜，已经连续九年了。

然后，就在陶弘景惆怅的目送下，桓闿跨上白鹤，冉冉地飞向青天。

韩愈说"闻道有先后，术业有专攻"，因此师不必尊于生。桓闿之先陶弘景成道就是很好的一例。教育的目的是希望青出于蓝，如果学生永远及不上老师，文明如何还能进步？老师是值得尊重的，但是师道却不必等同于权威。就现代的观点来看，"抛砖引玉"应该才是教育的宗旨。

鹿皮翁

鹿皮翁是淄川人，年轻时精于木工，岑山上有一道神泉，凡人都没有办法找到而鹿皮翁却在泉水上作转轮阁，又在山顶上盖祠庙，并且在庙边一住七十年。

有一天，鹿皮翁下山，叫家族六十多人上山，大家都不知道要做什么。正猜测间，大水忽然泛滥，把整个村子都淹没了。

后来过了一百多年，还有人经常看见他在城里卖药。

木工也能成道，可见修道无分士庶，换言之，执着于士庶之分的人也极难成道。用现代话说，道就是普通客观的真理，沉溺于主观利害的人其心胸狭窄，何处有容纳大道之余地？

寇谦之

寇谦之是昌平人。年轻的时候遇见仙人成功兴，两人一齐游嵩华山，拾仙药，从此就隐居在山上。

北魏始光年中，朝廷召他入宫，崔浩亲自拜他为师，有一天，他对弟子说：

"昨天我梦见成功兴召我去中岳仙宫。"

说完他就端坐逝世，只见一缕青烟从他口中冒出来，飘到半空中渐渐消失，而同时他的身体也渐渐缩小，有人说他的尸体已经解化。后来东郡的沈猷在嵩山遇到寇谦之，全身放出银色光明，亮得像太阳，才知道他已经成仙了。

又有人说成功兴曾经对寇谦之说：

"我要出游去了，不久会有人拿药给你，你尽管吃！"

结果真的如成功兴所说，但是寇谦之一看，却发现那些药都是臭虫之类的脏东西。寇谦之吃不下去，那人回去以后对成功兴报告了，功兴就叹息道：

"寇谦之恐怕很难成仙啦！"

有一天，成功兴又对寇谦之说：

"我明天中午要走了，你要为我沐浴，然后会有人来接你！"

成功兴讲完进入石室就死了。寇谦之亲手为他沐浴，洗完后果然有人来叩门，谦之出来一看，是两个童子，一个捧着法服，一个捧着钵杖。寇谦之请他们进入石室，不料成功兴忽然跳了起来，穿上衣服拿起钵杖就走了。

魏明帝神瑞二年，有一天太上老君乘白马车，驾九条龙降临在嵩阳山顶上，命令仙伯王方伯领寇谦之到他面前，对他说：

"你认真修道，现在我授你天师的任务，你要自勉！"

后来他又遇见神人李谱文，李自称是老子的玄孙。李谱文传授给他《图箓真经》六十多卷，从此寇谦之功力大增，不久就羽化成仙了。

现代科幻片中有一部《联合缩小军》，说经过特殊科技处理，人可以缩形。寇谦之不谙科技，但他的道术却有异曲同工之妙——这是一种精神力量，不可与物质科学混为一谈。现在有些人喜欢以科技来附会宗教、神话，以神祇上帝为外星人，这恐怕是一厢情愿的看法。

白鹤道人

梁武帝时有个道士,他看上舒州潜山的奇绝风景,很想隐居在山上。同时有个和尚叫宝志禅师,也希望在潜山修行。梁武帝就叫他们两人各以自己的一样东西放在山上,谁先放上去,山就是谁的。道士就以白鹤为记,而禅师则以禅杖为记,两人说好,就开始了这场奇特的比赛。

道人首先跨上白鹤一冲上天,正在全速飞翔的时候,忽然听见半空中有禅杖在飞行的声音。然后,几乎同时,禅杖落在山腰上,而白鹤降落在山的另一边。

梁武帝看了拍手大笑,认为两人神通不相上下,于是就宣布两人都是赢家,因此两个人都有权在落地的地方结庐修行。

王延

王延字子元,扶风人,九岁就爱上修道,拜焦旷真人为师,得到三洞秘诀的真传,每天只喝水吃松子即可维生。

周武帝召他到京师,但他不惯于宫廷生活,不久又回到山上。他在西岳时,没有灯油,就放置了一个容器,顷刻间就变出了满满的油。只要有宾客要来,预先会有三只青鸟来向他报信。他住的地方常有虎豹很温驯地围绕,样子像是在保护他。

仁寿四年春,王延对弟子说:"我要回西岳去了,只怕皇上会来!"说完就在仙都观端坐逝世。隋文帝派使臣安葬他于西岳,下葬时才发现棺材是空的。

季顺兴

季顺兴是杜陵人,他有时聪明有时愚昧,预言未来的事,每每应验。他平时戴着道士冠,喜欢喝酒,一副落拓不羁的样子。

萧宝寅想造反,就召顺兴来问说:"你看我能做几年的王爷?"顺兴回答说:"天子有一百年的,也有一百天的。"后来萧宝寅败了,果然才只有一百天。他的党徒恨季顺兴,就把他乱棒打死,弃尸在城隍庙中。不料他片刻就复活了。

季顺兴曾躺在太傅梁览家,并且倒穿衣裳。后来梁览失败被杀,果然是衣服倒穿。他又曾向周文讨骊山下的荒地,周文问他有什么用,他只说:有用。没过多久,周文遇难,刚好就死在骊山下面的那片荒地。

季顺兴的预言很委婉有趣,天子莫说一万年(万岁),事实上连活一百年的也没有。萧宝寅应该能听懂他的微言大义,可惜利令智昏,心存侥幸致不能善纳雅言,自遗其咎。其党徒不但不悔过迁善,竟然迁怒于人,妄以为"巨棒"可以消灭至道,这真是妄自尊大,愚不可及。除非宇宙的主宰本身是流氓,是魔鬼,否则倒行逆施岂能长久?

孙思邈

孙思邈是华原人,自幼聪慧过人,才七岁就已经能够每天背诵一千多字,当时的名人独孤及称赞他说:

"这是个圣童!只可惜才志太高,恐怕不宜于在世俗中有所发展呢！"

孙思邈长大以后果然喜爱老庄的思想，周宣帝时，他因时局不安，于是隐居在太白山学道养神。他对于天文、医学都有很深的研究，尤甚喜欢在暗中行善。

有一天他在山上散步，无意间看见有条小蛇，被牧童打伤了正在流血。孙思邈立刻脱掉身上的衣服把小蛇赎出来施以救助，并且给蛇细心地敷药，再重新把它放回草中。过了十几天，他又外出散步，半路遇见一个白衣少年下马向他行礼说：

"我弟弟承蒙先生救助，实在感激不尽！"

孙思邈觉得莫名其妙，一时不知如何回答。那个少年又邀请他到家里去坐坐，并且让出马给他骑。他们一路飞驰而去，不久来到一个小城，花木茂盛，金碧辉煌，俨然是王侯之家。白衣少年请孙思邈进了房间，他看见一个人穿着红衣戴着小帽，旁边站满了侍从，这人一见孙思邈到来，立刻满面笑容上前迎接，他说：

"承蒙先生厚恩，因此特别派我家小儿迎接您来！"

他一面说，一面用手指着一个青衣小童说：

"前些日子，小儿外出被牧童所伤，幸亏蒙您脱衣赎救，他才能活到今天！"

说完，他叫青衣小童上前拜谢孙思邈。孙思邈这才想起前几天脱衣救蛇的事。但孙思邈心里还是不安，他就偷偷问旁边的人这是什么地方。人家回答他说：

"这里是泾阳水府。"

那个红衣王者设下酒宴技乐招待孙思邈，但是他因为修道断食所以婉辞了，只是喝一点酒，流连三天以后，王者又送他许多珍珠宝贝，孙思邈坚持不收。红衣王者又叫他儿子拿出龙宫的珍贵药方三十种送给孙思邈说：

"这些药方可以帮助先生济世救人！"

最后，红衣王者派了马匹送孙思邈回家。后来孙思邈用那些药方行医，果然十分有效，于是就把它们编入《千金方》里。

隋文帝仰慕孙思邈的大名，想要召他做官，被他婉拒。他曾私下告诉别人说：

"五十年后，会有圣人出来治理天下，我到那时自然会出来协助他济世救人！"

后来果然唐太宗当政，他才应诏上京晋见皇帝。唐太宗很惊讶他容貌的年轻，就对他说：

"我听说有道的人都是值得尊重的，却没想到修道真能青春永驻、长生不老呢！"

永徽三年，孙思邈已经一百多岁。有一天他沐浴之后，端坐在榻上对子孙说：

"我今天要去游访无何有之乡！"

不久他就咽了气。但是他红润的脸色一个月都不变，入棺时，只见一件空衣，其他什么也没有。

唐明皇避难四川时，梦见孙思邈向他乞求武都雄黄，于是就叫人送了十斤到峨眉山顶上。使者到了山腰上，看见一个人须眉都是白的，两个青衣童子陪侍在侧，他们见使者来，就用手指一块磐石说：

"可以把药放在这块石头上，石头上有块表状，您可以把它抄下来向皇上致谢。"

使者定睛一看，果然石上有大字一百多个，于是就恭恭敬敬地抄录下来，他抄字一点就消失一点，抄完了，石上的字迹也都消失不见了。顷刻间白气弥漫，老翁和青童忽然间都消失了踪影。

当时四川成都有一个和尚修《法华经》非常专一，虽有兵乱也不能危害到他。有一天一个仆人打扮的人来对他说：

"先生请法师去诵经！"

他们穿过山岚，进入一个农家。仆人说：

"先生老病，请先生诵经到《宝塔品》那一章，先生想听您亲自口诵。"

和尚心里有些纳闷，但他还是专诚一意地朗朗诵念，等到诵完《宝塔品》的时候，果然从内室走出一位仙风道骨的老翁，他两耳垂肩，手持拐杖，一面焚香一面听经。和尚念完后，他拿出藤盘和竹筷，里面盛着秋饭一盂、杞菊几杯，和尚吃了，觉得一点盐味也没有，却芳香无比，有如甘露。饭后主人又送给他一缗钱。仆人送他走出路口，和尚忍不住好奇，就问，那位先生究竟是谁。仆人微笑回答他说"姓孙"，然后又在手心上写了"思邈"两个字。和尚大吃一惊，再一抬头，那个仆人已经消失得无影无踪。他低下头去，发现赏钱都是金子。从此以后，这位和尚感觉身体特别轻健，平时也绝无疾病，直到宋真宗时代，这位和尚已经有两百多岁，后来也像孙思邈一样，下落不明，不知是成仙还是成佛去了。

宗教的宽容，自古难能，然而至道无方，至人无碍，苟能心无执着，则法法圆融，头头是道。像孙思邈以道入佛，确是个中楷模。中国一般的人生观也每趋于三教合一之论——以儒治身，以道养性，以佛修心，所以民间的庙里往往三教的圣贤参伍并列，一视同仁。中国文化的广大含义在此，为西方所想象不到的。

崔之道

崔之道是舒城人,在真源宫做道士。

有一次他入山游玩,无意间遇见两个仙人正在下棋,他就静静地在一旁观看,正看着,其中一个仙人忽然抬起头来看了他一眼,然后微笑着说:

"你怎么找到这儿来的?想必也是有缘人吧!"

另一个仙人也应声抬起头来,他说:

"你也想修道成仙是吗?试试看把这个吃了吧!"

说完,他就顺手从棋盘上取下一颗棋子交给崔之道,崔之道毫不犹豫地一口吞了下去,只觉一阵沁凉,再睁眼,两位仙人已不知去向。

从此崔之道就能预知吉凶祸福,不久也修成仙道。

徐则

徐则,东海郯人,沉静寡欲,自年轻时就有隐居的志愿。他在白云观修道,有一天,太极徐真人降临对他说:

"你八十岁那年将成为帝王的老师,随后可以修成仙道。"

自此以后,徐则就在天台山实施绝食,每天只吃一点松子。隋炀帝到扬州的时候,曾经写信召他见面。徐则接信就对弟子说:

"我今年正好八十岁,而王爷要召我进宫,徐真人当年的预言果真应验了!"

徐则进宫以后,晋王请他传授道法,他借口时辰不到没有马上答应，当天夜里他突然地就过世了。隋炀帝派人到天台山送葬，但同时却有人看见他徒步走回山上。

他神奇地回天台山以后，把经书道法都传授给子弟，又叫人打扫出一个干净房间，吩咐说：

"马上会有朝廷的使者来到，你们可以在这个房间招待他们！"说完，他就飘然离去，那年他八十二岁。

第二天果然有使者来访，但是已经到处都找不到他人了。隋炀帝怅惘之余，找画师画了一幅他的肖像留作纪念。

神龙见首不见尾，中国道人往往如此。虽说帝王每好礼贤，但是对一般庸暴之君而言，"近则不逊远则怨"也是常事。人情之常，好远贱近，向声背实，对于没有雅量之君，还是留个遗憾让他永远怅惘怀念的好！

崔子玉

崔子玉名珏，彭城人，大家都称他崔府君，因为他在白天处理阳间的案件，夜里又到阴间去办案。他在出生以前，他父亲和母亲一同到衡山去祈祷，当夜他母亲梦见仙童捧着一个盒子说：

"上帝赐你盒子里的宝物，要你们夫妇二人吞下去！"

他们打开盒子一看，只见里面有两块美玉，夫妇二人各吞了一块。他母亲醒来就觉得怀了孕，隋朝大业三年六月六日就生下了崔子玉。

崔子玉小的时候神采焕发，读书过目不忘。他不喜欢和其他小孩一起游戏，完全是独来独往。

唐贞观七年，他被派为潞州长子县县令，从此审理阴阳两界的刑案，明智果决有如神明。有一天，他贴出布告，通令居民五月十五、十六两天不准私宰和打猎。当时有个猎人偷偷溜出城外，射杀了一只兔子，回城时却被官吏捉到。崔子玉对他说：

"你明知故犯，我不能放你，不过你可以选择，或是愿在衙门里受罚，还是情愿到阴间受罚！"

那个猎人心想阴间渺茫，也许可以逃过责罚，就回答说情愿到阴曹地府去受罚。崔子玉听他这么说，就把他放了。当天晚上，猎人才上床，就来了一个穿黄衣的鬼把他给抓到一个官府去，他抬头一看，庭上坐的赫然就是崔子玉。他穿着王者的冠服，正在审理罪犯，有些判他们短命，有些减损他们的福禄。那个猎人也遭受到减寿的严重处分。第二天他一觉醒来，还心有余悸，可是后悔已经来不及了。

又有一次，雕黄岭上老虎伤了人，崔子玉立刻派人到山庙去抓老虎，老虎衔了他的公文来到衙门，崔子玉看见虎来，破口大骂说：

"你是畜生而竟敢吃人，罪不可赦！"

老虎被他一骂，立刻就撞墙自杀而死。

崔子玉办过许多这一类的奇案，因此远近驰名，唐太宗也称他"仙吏"。不久他迁官到滏阳县，距离县城西南方五里的地方有一条河，时常泛滥成灾，淹没田地。崔子玉于是就在河上设立神坛，并且向上帝祷告，不久，忽然有一条大蛇浮出水面而死，大水立刻也跟着退了。

有一天，崔子玉和朋友下棋，忽然有几个穿黄衣的人捧着一张圣旨般的状子进来对他说：

"我们奉了上帝之命。召崔子玉做磁州土地神。"

随后，又有一百多个人捧着玉珪玉带、紫服碧冠以及五岳的旗帜，一面奏着仙乐。又有一神驾白马来到，对他说：

"上帝叫你们立刻动身！"

崔子玉嘱咐两个儿子说：

"我就要去世，你们不必过度悲哀！"

他提笔写了百字铭来训诫子弟，然后安然就寝，就在睡眠中安然去世，享年六十四岁。

安禄山造反的时候，唐玄宗夜里梦见神人告诉他说：

"贼兵一定会被消灭，陛下不必惊恐。"

唐玄宗问他的姓名，他回答说：

"我就是崔子玉！"

玄宗回到京城以后，立刻为他兴建祠庙，封他为灵圣护国侯。

宋高宗出奔到巨鹿时，半路上马匹死了，只得冒雨独行，不久他碰到一个三岔路，不知道该选择哪一条走。正徘徊中，忽然看见有一匹白马在前面走着。高宗急欲骑马，就在后面追赶。到了晚上他追到一个祠庙里，看见廊下有一匹泥土塑的白马，仔细一看，那匹土马居然出了一身大汗。宋高宗当夜睡在庙里，梦见一个穿紫袍的人拿手杖敲地，嘴里还说："快走！"高宗惊醒过来，感到肚子正饿得厉害，他徘徊着，忽然听见殿里有声音传出来，于是就登上殿去看个究竟，不料殿上所供奉的神像正是他梦中所看见的那位，殿上题的是："磁州土地崔府君。"在匾额后面藏着一个盒子，盒中装满酒肉，高宗就吃了个酒足饭饱。吃完以后，他又想离开，刚才那匹白马又自动跑来，带他走到桥谷后就消失不见了。宋高宗因此而获救。他南渡以后，第一件事就是为崔府君立庙。

"冥判"在中国过去时有所闻,日审阳夜审阴的"仙吏"也往往有之。传说中,天律或阴律要比人间法律严好几倍,而且天网恢恢,疏而不漏,在世间能钻法律漏洞的在阴间恐怕要加倍受罚。这是民间信仰,真相如何,不得而知,但对于那些肆无忌惮、以身试法的人,我们希望他有所改变。

匡智

匡智是长安人,唐贞观年间,他离开妻子,和侄子大郎一同入庐山修道。

当他们到达庐山第七天的晚上,忽然来了一个老人对他们说:

"庐山风水不好,你们在这里修不成仙道,南边有座名山,可以到那里去修行。"

于是匡智和大郎就搬到吉州去,远远地望见乂山。某夜,山神化为樵夫,引他们到山中,并且对他们说:

"这里很安稳,可以安心修行!"

叔侄二人修行了多年,有一天从天上飘下一件仙人的衣服,匡智穿上去,只见脚下生云,莫名其妙地就上了天。

明崇俨

明崇俨是洛州人,小时候跟随父亲住在安喜县,那里有个道士能召唤鬼神,崇俨跟他学会了所有的法术,从此远近知名。

唐高宗曾召见他,对他非常欣赏,当时正好是夏天,皇帝想弄点雪来消暑,崇俨端坐片刻,很快就变出雪来,据他说是到阴山取来的。

冬天的时候，高宗又想吃瓜，崇俨向他要了一百钱，不多久就奉上只有夏天才有的瓜。据他说这个瓜是从缑氏老人的瓜圃中取来的，于是皇帝就把老人找来问，老人回答说，他埋在土里一个瓜那天忽然失踪，只见土里面埋了一百钱。

韦善俊

韦善俊是京兆人，他的母亲王氏怀他的时候，每次只要一吃肉肚子就痛，吃素菜则平安无事。因此韦善俊十三岁开始就吃斋了。

韦善俊从道士韩元最那里学会了秘术，平时常有两个青童随侍在他左右。有一次他寄居在升仙观里，有个神人大声对他叱喝说：

"你是什么人，敢来这里，还不赶快离开！"

韦善俊不慌不忙地回答说：

"神人是在试探我吧，何必逼人太甚呢！"

神人见他神态自若，就道歉回去了。

有一天，韦善俊路过坛墟店，遇见一只黑狗在他身边绕来绕去地不肯离开，于是他就收养了下来，并且叫它作"乌龙"。

过了不久，韦善俊对弟子说：

"我学道百年了，今天太上老君要召我去了！"

说完，那只黑狗突然长长了好几丈，一翻身真的变成了一条黑龙，善俊跳上它，就飞腾上天了。

"大贤虎变愚不测，当时颇似寻常人"，这是李白的诗，道人与常人无异，英雄与路人无别，但是那有为有守的心哪里是凡夫俗子所能想象的？非常之功在平时默默中养成，一旦飞腾变化才显出非常之观。人成仙、狗化龙又岂是一朝一夕之功呢？

王帽仙

王帽仙，平素专门出入人家，为人修理帽子，因此大家都称呼他"王帽子"。

王帽子相貌平常，没有人知道他有道术，只知道他每天晚上都睡在天庆观里。

有一天王帽子忽然端坐而逝，观里的道士合资将他安葬。没想到过了一个多月，天庆观接到一封从果州寄来的信，拆开一看，居然是王帽子写来的致谢函。观里的道士面面相觑，惊讶不置，消息传开，城里的人都相信他是秘密地修成仙道，于是就把过去"王帽子"的绰号从此改成了"王帽仙"。

真人不露相，不甘寂寞、好胜好奇的多属浅薄的小人。

王遥

王遥是江西鄱阳人，早年得道，他擅长医术，治病不用针药，而以八尺长的一块布巾，敷在病患不舒服的地方，顷刻间病就好了。如果有人中了邪，他就在地上画一个牢狱，一面敲着石头，一面骂着，很快就把邪魅都赶进"牢狱"里面。

王遥有个弟子常帮他背着竹箱子随后跟从，不论风雨多大，他的衣服都不会被淋湿。

有一天王遥进入一个山洞，里面有两个人对他喊说：

"你为什么又跑到凡尘里去了！"

王遥答说他去去就来。那天他回家自己背了竹箱出来，就这样成仙去了。

司马承祯

司马承祯字子微，洛州人，拜潘师正学道，成道后遍游名山。唐武后曾经召他入宫，但他不久就离开了。他最好的朋友是当时的一些文人：王维、李白、孟浩然、贺知章、卢藏用、宋之问、王适、毕构等，时人称他们为"仙宗十友"。唐睿宗仰慕他的高名，也曾迎他到京师，向他请教道术，司马承祯回答说：

"修道的原则是要不断减损情欲，直到淡泊无为。"

皇帝又问道：

"这是修身的原则，但是治国的原则呢？"

司马承祯回答说：

"治身其实就是治国。因此处心淡泊、自然无私则天下太平！"

皇帝听了非常赞叹，说：

"就是古代仙人广成子的道理也不过如此吧！"

后来司马承祯又回到天台山隐居。卢藏用很羡慕皇帝对他的殊宠，就指着终南山说：

"这座山里面风景好，何必一定要回天台山呢！"

司马承祯回答他说：

"在我看，那不过是做官的捷径罢了！"

他这样说，是因为过去卢藏用借着隐居终南山来博取高名，广结权贵，终于因此做上高官。如今被他说破，卢藏用惭愧得无地自容。

当时女贞国有个叫焦静贞的渡海去寻找蓬莱仙山，后来他在一个岛上遇见一个道人对他说：

"天台山的司马承祯先生已经挂名仙籍，他正是你的良师呢！"

静贞回来以后，就拜承祯为师，学道不久竟然先老师而升天去了。后来他降临在薛季昌家里，对他说：

"司马先生的道行比陶弘景还要高，以后将被封为东华上清真人！"

唐开元年间，文靖天师和司马承祯共赴千秋节，两人在长生殿里用斋。夜半修行后，隔着一面云屏各自就寝，忽然天师听见有小孩在念经的声音，清脆如金玉之声。文靖天师于是就披衣出来听，却看见司马承祯额上有像铜钱大的小太阳一枚，光照满室。他凑近一看，原来是承祯脑中发出来的声音。天师回去以后就对他的弟子说：

"《黄庭经》里说人的脑中有泥丸，可以发出神奇的声音，司马先生真是修到这个境界了！"

有一天，司马承祯对弟子说：

"我站在玉霄峰上东望蓬莱，看见有仙人降临，原来是东华君要召我上天了，我必须向你们道别了！"

说完不久，他就端坐而逝，弟子将他的衣冠安葬，当时他是八十九岁的高龄。唐玄宗还亲自为他撰了墓志铭。

后人称他住的地方为"马仙村"，他身后留下许多著作，如《修真秘旨》《天地官府图》《坐忘论》《登真系》等书。皇室为了表旌他的道行，又颁赠他银青光禄大夫的头衔，谥号贞一先生。

假借隐居以博高名，并广结权贵为晋身之阶，这在唐代是很流行的事，"终南捷径"因此成为对这些假隐士的最有力的讽刺。其实仕进并非坏事，真能有"以天下为己任"和"先忧后乐"的胸襟更是先贤所共许的。但是做官和做事是两回事，干禄和服务更是两种境界。为做大事，服务社会而仕进为官是正途。兼善天下当然高于独善其身，因此仕进未必低，隐居未必高，但是隐居为做官的手段，这种人一旦做了官，除了不择手段地争权夺利，其眼中怕不会有天下百姓的，比起官迷，隐士真是高洁可敬得多了。

班孟

　　班孟的家乡现在已难查考，只知道他在世时喜欢用酒来吞服丹药，四百多岁的年纪看上去只像少年人的模样。
　　班孟的法术很多也很奇特，他能飞行自在，又能坐在空中和别人聊天，能全身沉没到地底下去。他用手刻地就成为一口井，可以供人饮水。往人家屋顶一指，瓦片随即就飞。他又曾摘了几千颗桑果堆积如山，然后轻轻一吹，这些桑果又都回到本来的树上。
　　班孟还有一绝，他写字不用纸笔，只要用嘴含了墨水一喷就出现文字，而且文字都有深刻的含义。
　　后来听说他入了大冶山，最后成道仙去。

邬通微

　　邬通微是个道士，他英俊潇洒、神清气爽，每天在街上游玩，没有人知道他从何处来，到何处去。
　　他常常喜欢到酒楼喝酒，每喝必醉，醉了就大声地吟诗，旁若无人。虽然他的举止有些颓放，但是很奇怪的，他的容貌不但丝毫不显憔悴，反而一天比一天年轻。

有一天，邬通微又在酒楼上喝醉了，但是他不像其他醉汉那样从楼上摔下来，出人意料地，他居然脚底生云，飘飘然飞上了天。一时万头攒动，争看这幕稀罕的奇景，远远地还听见他吟诗的声音，仿佛使他成仙的竟是诗歌和美酒呢！

许宣平

许宣平是歙县人，唐睿宗景云年间，他隐居在城阳山，平常不吃丹药，而容貌却始终保持在四十岁的模样。他身轻力健，行动疾如奔马，时常背着柴到城里去卖，担子上挂了一个花瓢，手持一支弯弯的竹杖，每次都醉酒吟诗而归。这样往来在山城之间三十多年，时常救助急难，但是有些做官的想找他却总是不在家。访客只见在他茅屋的壁上题了一首诗，诗里都是在形容游仙的快乐逍遥。他这类的仙诗极多，每到一处就题上一首。天宝年间，大诗人李白游经某家客栈时也看见他的诗，叹为仙人之作，一问之下原来作者就是许宣平，于是赶到新安城去拜访他，然而即使号称诗仙的李白也同样无缘见他。惆怅之余，李白也顺手在壁上留了一首诗以示仰慕之忱。许宣平回来以后看见李白的题诗，于是自己也题了一首作为答复，他的大意是说，仙居是不宜被人找到的，一旦找到就要迁往别处。大概是这个缘故，许宣平的茅舍总是被野火所烧，许宣平的踪迹始终没有人知道。

一百多年之后，到了唐懿宗咸通十二年，许明恕的婢女有一次入山砍柴，无意间在南山遇见一个人坐在石头上，正在吃一个很大的桃子，这个人看见有人来就问道：

"你是许明恕家里的女佣吧！"

女佣回答说："是的！"

那个人说："我就是许明恕的祖父许宣平。"

女佣又说："我曾听主人说他的祖翁成道得仙，但是却一直无处寻访。"

许宣平就对女佣说：

"你回去对许明恕说我在这座山里面。现在我送你一个桃子吃，但你千万不能把它带出山去，因为山神很爱惜这种桃子，而且山中虎狼很多！"

那个婢女吃了，觉得味道极鲜美，吃过之后，发觉背上的担子也变得很轻。回家之后，她一五一十地向主人报告了，不料许明恕大怒，因为婢女直呼他祖父的名字，便拿杖打她，而婢女竟随杖飞起，不知飞向何处。

后来有人入山看见婢女已经返老还童，全身披着树皮，疾行如飞，隐没在树林深处，从此不见踪影。

李白号称诗仙，但他只是诗中之仙而非真正的仙人。李白爱道，但是不忘世情、追求事功，因而有附随永王璘造反失败之辱。道是返璞归真的事，不是驰骛外求的事，因此许宣平能成神仙，李白只能成为诗仙，文字尽管不朽，人却不知哪里去了。

聂师道

聂师道是歙县人，自幼学道，得道后登绩溪百丈山采芝，并且拜诣南岳招仙观。他听说蔡真人过去隐居的地方距离不远，于是斋戒七天独自前往。半路上遇见一个老人问他从哪里来，并且折了一根草送给他。聂师道一吃觉得味道很甜，从此精神更健旺，每次入山，虎豹见到他都驯服地趴在地上。

有一天他对弟子说：

"我被仙官传召，要离开你们了！"

说完就闭目长逝了。但是等到下葬时，棺材里却是空的。后来有人从豫章赶来送葬，说居然在路上还碰见他正在优哉游哉地散步呢！

傅先生

傅先生在焦山学道，他勤勤恳恳地修了七年，后来遇见太上老君。老君给他一把木钻子，要他用木钻去穿透一块石盘，石盘厚五尺多。老君临走特别嘱咐他说：

"等石盘穿透时，你的仙道也就修成功了！"

从此，傅先生就每天专心一意地用木钻磨石盘，他风雨无阻地钻了四十七年，结果居然把石盘穿透了。

当天有个仙人来找他，对他说：

"你的志向真是坚定呢！"

仙人送给他金液和仙丹，傅先生饮用之后，果然成仙飞去。

大巧若拙、大智若愚、大器晚成——老子的话，由傅先生证明了。

王可交

王可交是华亭人，以耕田打鱼为业，有一天他摇船入江，忽然看见水上出现一只彩舫，舫中坐着七个道士，他远远还听见有人在呼唤自己的名字。于是他把船慢慢摇近彩舫，然后自己也上了那只彩舫。

其中有个道士说："好骨相，可以成仙！"

另一个道士送给他两个栗子，味道很甜。然后道士派一个穿黄衣的送他上岸。当他再一回头，发现船已经不见了，而自己却站在天台山瀑布寺前面。远远地走过来一个和尚问他从哪里来，可交说今天早上才离家的，那天是三月三日，和尚说："今天已经九月九日，过了半年啦！"

后来王可交入四明山修道，从此不见踪影。

李筌

李筌号达观子，住在少室山，好神仙之道，他无意间得到黄帝的《阴符经》，是寇谦之原先所收藏的，本子已经烂了，李筌抄了好几千遍，竟然完全不能了解其中的奥义。后来他到了骊山下，遇到一个老太婆，披头散发、奇形怪状，正在路边烧木柴，她一面烧一面嘴里喃喃自语道：

"火生于木，祸发必克。"

李筌一听大惊，连忙问说：

"这是黄帝《阴符经》里的句子，老婆婆您怎么知道？"

那位老婆回答说：

"我研究这本经已经好几百年了，少年人，你又是从哪里得到的呢？"

李筌就把实情恭恭敬敬地告诉了她。

老婆婆听完了就说：

"少年人，我看你相貌非常，智仁勇兼备，是个可造之材！"

于是她就收李筌做弟子。老婆婆坐在一块石头上，把《阴符经》的精义讲给他听。过了半天，老婆婆看看天色晚了，就拿出麦饭请他吃，并且从袖子里取出一个瓢，叫李筌到谷中去取水，装满之后，忽然有千斤之重，李筌使出全力也拿不动。瓢就这样沉没在水中，当他赶回去，老婆婆已经不见了。石头上只留下麦饭几升而已。李筌吞了下去，从此不觉饥饿，后来入名山访道，不知去向。

李筌通兵法，著有《太白阴符经》十卷流传于世。

李白

李白字太白，是唐宗室的后裔，他的祖先在隋朝末年迁居到西域，神龙初年又搬回四川。李白的母亲在生他以前，曾梦见长庚星飞入怀中，因此就给他取名为白。

李白十岁就通晓诗书，长大以后隐居在岷山。朝廷找他做官他总是不去。后来他到长安，拜访贺知章，并且把自己写的诗拿出来请教。贺知章一看他的诗就赞叹不已，称他是"谪仙"，并且介绍他给唐玄宗。玄宗特别在金銮殿里接见他，对他的文章和议论都极为欣赏。于是就亲手调羹招待他，并且封他做翰林。

有一次玄宗坐在沉香亭里，正值牡丹花盛开满庭，皇帝希望李白做一首诗来谱曲，然而李白不巧却在这个时候喝醉了，左右侍从就用冷水把他拍醒。唐玄宗亲自下令要杨贵妃为他捧砚，李白大笔一挥，就写成了《清平调》三章。玄宗非常欣赏他的才华，时常和他一起宴饮。由于李白曾经叫高力士替他脱靴，高力士大为不满，因而就故意在杨贵妃面前歪曲李白的诗，说李白讽刺贵妃，两人自此经常在玄宗面前说他坏话，阻止他进一步发展。李白自知不受欢迎，更加狂放不羁，几乎每天都和大书法家张旭喝得酩酊大醉。当时大家称他们这几个爱喝酒的文人名士为"饮中八仙"。最后李白厌倦了宫廷生活，恳求还乡，玄宗赐了他许多金子让他回去。

安禄山造反时，永王李璘召李白做参谋，后来永王兵败，李白也被治了死罪。但是由于他曾在多年前救过还没有显贵的郭子仪，因此这时郭子仪挺身出来救他一命，结果李白被改成流放夜郎，那年又碰到大赦，他就一路回了浔阳。

唐代宗时，民间盛传李白为了捞月亮而醉死在江里，但是元和初年，有人却说看见李白和一个道士在高山上谈笑，不久又和那个道士在绿色烟雾中跨赤虬而去。

李白究竟有没有成仙，恐怕永远都是一个谜，但无可否认的，李白的诗歌确实是光华万丈，历久不衰。

李长者

李长者自称是从沧州来的，他每天只吃十个枣子，外加一个柏叶包的小饼。他什么事也不做，只管关门著书立说，从不休息。

有一次他在冠监村遇见一只老虎，老虎一见他就驯伏在地上。长者对老虎说：

"我要注释《华严经》，你能不能帮我找个清静的地方呀？"

老虎一跃而起，把他驮到神福山的一个石室中。从此李长者就定居下来，专心著书，直到九十六岁。

孙思邈听《法华》、李长者注《华严》，可见道佛有相通之处。

懒残

懒残，没有人知道他的来历。唐朝天宝初年，他住在衡山寺里为僧人打杂，每次众僧吃过饭，他才把剩菜剩饭拿来吃。由于他天性疏懒，又吃残肴冷饭，因此人称"懒残"。

李泌年轻的时候曾经寄宿在衡山寺，晚上去拜访懒残，看见懒残正用牛粪烧火烤芋头吃，他发现李泌来，就分给他一半。

他们面对面地啃了半天，懒残才小声地对李泌说：

"处世以慎言为贵，将来你会做十年宰相！"

后来李泌果真如懒残所预言的，做了十年宰相。

但是懒残会羡慕李泌，还是李泌会羡慕懒残呢？答案自在人心。

王皎

王皎是个有道术的奇人，尤其精于观察星相。天宝年间，他偶尔和朋友在晚上乘凉，忽然他指着天上的星月说：

"天下就要大乱了！"

邻人听见他这句话，就向朝廷密告，于是下令判他死刑。行刑时，刽子手连砍了几十下，才砍断他的头。

王皎原来和侍郎达奚非常要好，当安史之乱平定以后，王皎居然起死回生，拄着拐杖去拜访达奚，大家才知道原来王皎怀有道术。

王皎曾经拜访杜甫于浣花溪。他对这位诗人说：

"先生如今虽然潦倒，将来必然名垂万世！"

邢和璞

邢和璞隐居在海边，擅长知心术。凡是人心里的计谋，他一算就知道了，后来他卜居在嵩山，著书立说。

唐明皇开元十二年他到京城去，正巧有个朋友过世了，家人哭得非常悲哀，邢和璞立刻叫人把尸体放在床上，自己拉上被子竟和他同床共卧。这样睡了半天才起来，想不到那个已经死了一天的朋友居然也起床复活了。

崔司马是邢和璞的好朋友，有一天他病危了，就喊着说：

"邢先生，你怎么丢下我不管呀！"

不久他听见墙壁有穿洞的声音，一看有个小缝越来越大，有好几百人在里面，邢和璞穿着紫衣戴着大冠，坐在车上。邢和璞对他说：

"我已经请太乙真人来救你。"

才说完，就消失不见了。说也奇怪，崔司马的病居然不药而愈。

房管当时在桐庐县做官，他对邢和璞非常好。有一天邢和璞笑着对房管说：

"你以后将会做宰相，要好自为之呀！但是最后你会因吃鲶鱼而死，棺材是用龟兹木做成的。你过世的地方不在家里、不在公馆、不在庙里、不在外家。"

房管后来果真做了宰相。晚年谪居在阆州，卧病在紫极宫里。当他病稍好，太守招待他吃饭，上了一道鲙鱼，房管吃完立刻旧病复发。他梦见神人告诉他说：

"邢真人的预言应验了！"

第二天，房管果然命终。当时有个信士布施了一块龟兹板来做老君的神座，因此就用它移做棺材。

邢和璞隐居在终南山，很多修道的人都来依附他。他有个朋友叫崔曙，在他左右服侍甚恭。有一天邢和璞对弟子说：

"这两天会有个怪客来，你们为我把房间布置一下。"

他又告诫弟子千万不可以偷看。第二天，果然有一个人来，他身高五尺、宽三尺，头部的长度就占去一半，穿红衣，手上拿着笏板，掀着胡子大笑，十分健谈。而所谈的内容多半不是人世间的俗事。正巧这时崔曙从门外穿过，客人凝视着他说：

"这岂不就是泰山老师吗？"

邢和璞回答说："一点不错，正是他！"

他们两人一齐用过饭，客人就告辞走了。邢和璞对崔曙说：

"这位怪客是上帝的弄臣呢！他刚才说的泰山老师，你懂他的意思吗？"

崔曙回答说：

"以前听先生说，我是泰山老师的后身，然而前世的事我却一点也记不起来了！"

道人预言往往奇验，一切冥冥中似已注定。古人说"一饮一啄，莫非前定"，就是这个意思。但真豪杰应该造命立命，并且为天地立心，为生民立命。仙圣和凡夫的区别就在这里吧！

神仙传：造化的钥匙

吴道子

　　吴道子是阳翟人，年轻时曾经跟贺知章及张颠学习书法，结果没有学成，因而改学绘画。他不到二十岁就已经达到很高的造诣，这完全是由于他的天赋和努力所致。开始的时候，他在唐明皇宫里作画师，因而名震天下。他的笔法大致是脱胎自张僧繇，所以大家都说他是张僧繇的后身。世上还流传说，过去晋朝大画家顾恺之为邻家少女画像，用荆针刺画中少女的心，她就会发出声音。而吴道子在僧房里画驴，以致每夜都有蹄子践踏的声音，使得和尚们都非常不快。又说，张僧繇画龙点睛，那条龙一听见打雷就冲破墙壁飞去。而吴道子画龙，鳞甲都像在飞动一般，每当下雨，画里就弥漫起烟雾。因此他的画可以说兼有顾恺之和张僧繇两人的神妙。皇宫里有粉墙好几丈高，唐明皇要他在上面画山水，吴道子就调墨一盆，全部泼在墙上，随后他用一块布幕盖上去，顷刻间揭开布幕，明皇一看，墙上居然山水林木人烟鸟兽无所不有，明皇反复玩赏，流连不去，赞叹不已。吴道子则在一旁慢慢走着，向明皇解释说：

　　"这座山岩下面有一个小洞，其中有仙人，叩门就应。"唐明皇试着用手一叩，忽然就开了一扇小门，有小童在门里迎候。吴道子就对皇帝说：

　　"小臣我先进去，欢迎陛下也进来玩赏！"

　　吴道子真的缩身进洞，并用手招呼明皇。可惜明皇进不去，顷刻间门又关上，回顾墙上，竟一点余墨也没有了。

罗公远

　　罗公远是唐玄宗时候的人。开元年间的一个中秋夜,宫中赏月,公远邀请玄宗到月宫一游。后来玄宗向罗公远学习隐形术,但并没有完全学会,或是剩一条衣带,或是露出一个衣角,总是不能完全隐形。玄宗问他缘故,他说:

　　"陛下不能看破富贵,而以道术为游戏,如果完全学会了,并非天下百姓之福!"

　　玄宗一听大怒,公远立即走进殿柱里,并且继续批评玄宗。皇帝更生气,下令砍断柱子,而公远却又跑进石墨中,玄宗又把石墨摔成好几十段,不料每一段里面都有公远的形象。玄宗这才赶快道歉,公远的影子这才消失。

　　后来有使者到四川,看见罗公远在黑水道中,笑着对使者说:

　　"请为我向陛下致意,我姓罗,名公远,烦请你把这块四川产的当归献给他!"

　　多年后玄宗因安史之乱避乱四川,才恍然大悟罗公远送他四川当归的意思。

　　罗公远对于帝王心理真是看得透彻。官高学问大,帝王以万乘之尊,是不容易诚心诚意地"尊德性、道问学"的。知识是统治的手段、道术是好玩的游戏,前者可使王权合理,后者可使王权神圣,难怪罗公远说明皇学不会道术也好,否则非百姓之福。

申泰芝

申泰芝字符之，唐代洛阳人。母亲杨氏梦见吞芝而怀孕，所以给他取名叫芝。他和唐玄宗是同一天生日，曾遍游各地名胜，后来到邵陵畲湖山修炼。

唐玄宗有一次梦见湖南有白云居士，他根据梦中情景找到畲湖山，于是就传召申泰芝入京。玄宗一见泰芝立刻认出他就是梦中的白云居士，龙心大悦，特别给他一个赐号叫作"大国师"，并且让他住在玄真观里；同时在那里的还有当时的几个高士，如张果、邢和璞、罗公远、叶法善、尹愔、何思远、史崇秘等，他们常和玄宗一起出游。

申泰芝擅长清谈，玄宗每次和他聊天，总要聊上好几个时辰还欲罢不能。杨贵妃和张云容由于陪侍玄宗，因此也常招待申泰芝茶药。张云容趁机向他乞求长生药。申泰芝回答她说：

"我并不是舍不得给你，而是你在世上的时间已经不久了！"

张云容还是恳求不已，申泰芝怜悯她的恭敬勤恳，就送给她一粒绛雪丹，对她说：

"你吃下去之后，尸身必定不会腐化，记住，下葬时要用大的棺材、宽广的墓穴，嘴里要含着珠玉，才能使你的魂魄不致飘荡不归。这样百年之后，遇到活人的气息，你就可以复活了。这是太阴炼形的道术，如果成功，你将修成地行仙，再过一百年，就可以变成天仙了！"

不久之后，张云容在兰昌宫病倒，她恳求玄宗照申泰芝的方法将她安葬，皇帝答应了她。到了唐宪宗元和末年，已经整整一百年，张云容果然遇到薛昭，而得以复活。

申泰芝回到山上之后，没多久就升天做仙去了，宋朝的时候他被封为妙寂灵修真人。

薛昌

薛昌是唐朝的一个进士，天宝年间，他隐居在四川的青城洞天观。有一天他无意间喝了商陆酒，居然耳鼻流血，一命归阴。但是过了三天，他竟然又复活，而且皮肤比以前更洁白，容貌也年轻得多。身体感觉非常轻，眼力也非常强。飘飘然就像要飞起来的样子。他能看穿远近的所有东西，纵使有山林阻隔也不受影响。

当时玄宗喜欢结交道士，节度使将他请到宾馆，正想用马送他入京，没想到他居然好端端地消失在马背上。过了不久，有人发现他正在大面山优哉游哉地漫步呢！

薛季昌

薛季昌是河东人，有一次他在南岳遇见司马承祯，从他那里得到一些道书，于是认真研读，勤修不懈。他的精诚感动了天上的仙人，每当他在念经的时候，就会从天上飘下许多芬芳扑鼻的神药。

唐明皇曾经召他入宫，向他请教道术，他都用诗歌来作答，明皇非常满意，对他恩宠有加。

有一天，他忽然对左右说：

"祝融峰今夜有仙人大会，我已经受到邀请，这就要出发了！"

说完，他跳上一朵云，飘飘然飞入远天。

徐佐卿

徐佐卿是四川人，唐天宝年间的道士。

他常常化身为一只鹤在天上翱翔。玄宗有一次在西苑打猎，抬头看见一只孤鹤，一箭就射了过去。那天徐佐卿回来的时候手上拿着一支箭，他告诉弟子说：

"今天我出去遨游，不料被箭射中。"

说完之后，他把箭挂在墙壁上，又对弟子说：

"等箭的主人自己来的时候还给他吧！"

过了几年，玄宗果然因避难到四川来，他来到佐卿的道观中，发现壁上挂着自己的箭，不禁惊讶万分。原来多年前他在西苑射中的那只鹤就是道士徐佐卿呢！

武攸绪

武攸绪是唐朝女皇帝武则天的侄子。他天性不爱荣华，十四岁那年就躲在长安市里卖卜为生，为了避人耳目，他每到一个地方，决不超过五六天就搬走了。最后他隐居到中岳，平日只以茯苓为食，王公贵人所送来的鹿皮衣和藤器用具，他都一概摒弃不用。

武攸绪一生修行，晚年肌肉都干了，两只眼睛炯炯有神，并且发出紫色的电光。即使在大白天也能看见星星和月亮。他的听觉也极灵敏，能够分辨好几里外说话的声音。

后来朝廷召他入宫，他勉为其难地去了，但是对于满朝的权贵除了寒暄，一句话也不多说。皇帝封他国公他也不受，他悄然地来,又悄然地回到山上,从此永不复出。

裴玄静

裴玄静不知道究竟是哪里人,只知道她是唐人李言的妻子。有一次她独自坐在家里,半夜听见有笑语声,李言觉得很奇怪,就从墙缝中偷看,居然发现里面有两个女子,年纪十六七岁,凤髻高耸,霓裳婆娑,美丽绝伦,旁边还有几个侍女,都是梳云鬟,穿红衣,风姿绰约,李言不禁失声惊叫,这一下惊动了侍女,她们忽然齐声奏起仙乐,一只白凤飞来,载着裴玄静飘飘然升天去了。

可怜的李言,这么久以来,居然不知道自己的妻子竟是仙女。

帛和

帛和字仲礼,初拜董先生为师,修习仙道。后来他又到西城山拜王君为师。有一天王君对他说:

"大道不是容易得到的,我现在要到瀛洲去一下,你就住在这个石壁里面,每天对着石壁凝视,久而久之,你将会看见有文字出现,读了这些文字,你就可以得道了!"

帛和照着老师的话,每天面壁凝神。第一年他什么也没有看见,第二年仿佛看见一些字画,第三年才看见有清楚的文字浮现出来,原来是太清经、神丹方、三皇文和五岳图。帛和惊喜万分,不分早晚专心诵读。

不久王君回来了,他看见帛和在诵经就对他说:

"恭喜,你已经得道了!"

达摩面壁是禅宗最有名的公案，道教中的帛和不让他专美于前。不同的是，帛和面壁的过程似乎有趣得多，而达摩面壁的过程则世人不得而知。壁中浮现文字固然神奇，但是根据佛理，万法不离自心，从心而觅，感无不通。孟子也称："万物皆备于我，反身而求，善莫大焉。"因此可以说，并非壁上出现文字，而是心中的法境映在壁上。面壁的作用当是摒绝外缘，专心一意，即使不面壁，也可悟道。对于心思外驰的现代人来说，这是有反省意义的。

张氲

张氲是晋州人，号洪崖子，隐居在姑射洞中，一切仙书秘典，无所不通。

唐玄宗召见他说：

"先生善于长啸，能不能请你表演一下呢？"

张氲立刻引气长啸，一时林木振动，群鸟和鸣，松风水籁，交织成一片世外的绝响，仿佛整个宇宙都起了和谐的共鸣。玄宗又感动又高兴，于是就要赐他官做，然而就像其他的道人一样，张氲拒绝了，他宁愿回山隐居潜心修道。

过了几年，洪州流行大瘟疫，有个狂道士跑进城里卖药，一吃就好，救活了不少人。玄宗知道了，推想必是张氲，一问之下，果然不错，于是又想召他做官，不料张氲却在一场大雾中仙遁而去。

赵惠宗

赵惠宗是峡州宜都的道士。他通晓九天仙箓和三洞秘法，后来隐居在郭道山。唐明皇天宝末年又回到峡州。

有一天，他堆起木柴，准备自焚。峡州地方的官员和民众都跑来围观。只见惠宗安详地端坐在火中，有条不紊地诵着《度人经》，一点也不惊慌，而烈火尽管腾腾地烧着，却丝毫伤害不到他。就在熊熊的火光中，他朗朗诵经的声音感动了不少人，也点悟了不少人。

不久之后，经声完毕，随着一缕青烟，惠宗化身成一只仙鹤飞上天去。木柴已经烧成了灰烬，但是木柴底下的草居然还是绿油油的，一点焚烧的痕迹都没有。

道和佛都讲火化，不仅身后火化，生前火化的也大有人在。这是表示道的超越性，所谓水不能濡，火不能烧。原则上，这世界之生成既是水火兼容，相克相生，则道之所以为道，也该是具有超越矛盾，包容一切的性质。道人修行证道，也就用各种不可思议的方式随机说法，显示道之广大超越，打破凡人的知见隔碍。

王昌遇

王昌遇是梓州狱吏。有一天他遇见一个姓张的落魄仙人，这个仙人正在梓州城里卖杀老鼠药。王昌遇想到监狱里的囚犯常常被老鼠咬伤，于是就买了一瓶回去。没想到老鼠吃了仙人的毒药以后，非但没死，反而长出翅膀飞到天上去了。

王昌遇赶紧跑回城里，又向那个仙人买了同样的药，他一口气全部吞了下去，果然也成了仙人。于是他就改名为易玄子。落魄仙人看见这一幕不觉哈哈大笑，并且慷慨地送他一匹马载他回家，等他到了家门口，那匹马摇身一变成了一条龙。九月九日那天，王昌遇也修成大道，白日升天去了。

老鼠也可以升天，这真是"众生皆有佛性"之一大证明。现代科学虽然发明了各种灭鼠药，但是一方面老鼠更猖獗，另一方面则颇失仁厚于心难安。如果有一天，科技能够发明一种鼠药使老鼠吃了不但不死而且升天，这不但解决了鼠患，再则也合于仁民爱物之旨。科学和人文结合，技术与价值合一，这应该是今后文明追求的一大目标吧。

颜真卿

颜真卿字清臣，是大学者颜师古的五世孙，博学多才，书法尤其高深。唐开元间中进士，官拜监察御史。

建中四年，德宗命颜真卿去向叛臣李希烈兴师问罪，文武百官都知道颜真卿这一去是凶多吉少，有去无回，于是所有的亲朋好友都到长乐坡来给他饯行。那天颜真卿喝醉了，他跳上车子对大家说：

"我早年曾遇见一个道士叫陶八八，他授我以刀圭和神丹，因此我至今也不见衰老。道士说我七十岁有灾厄，然后他将在罗浮山会我，难道他所预言的就是眼前这个灾厄吗？"

颜真卿到了大梁，果然被李希烈所绞杀，尸体葬在城南。后来李希烈败了，颜氏家人打开颜真卿的棺材，只见他容貌和平时一样毫无改变，全身金色，指甲和须发都长得很长。家人就把他归葬在偃师北山。

后来有个商人到罗浮山，看见两个道士在树下下棋。一个道士说："是谁来啦？"

那个商人回答说："我是洛阳城的商人。"

道士笑着对他说："麻烦你捎封信给北山颜家好吗？"

商人回去，把信交给了颜家子孙。他们打开一看，竟然是颜真卿的手笔。他们赶紧跑到罗浮山上，山上已经一个人都没有了。

颜真卿的忠义节烈、冰雪风操是儒家的典范。自有千古，文天祥的《正气歌》里就称颂过他。他对民族正气之保存发扬应是远超过他的神仙传说，而他的书法影响也永垂不朽。成仙一节，可能是后人感念他而编造的，伟人成仙往往是民间感情的产物，不必一定是事实。但由此流露出中国文化的厚道和人情味，以及公道自在人心的事实倒是比成仙更真确也更有意义的。

张志和

张志和字不同，唐朝金华人。他的母亲梦见肚子上长出一株枫树而生了他。唐肃宗的时候，他考上明经科进士，皇帝赐名志和，从此做起了翰林。

张志和在父母死了以后，就辞官退隐，遨游江湖，他自号"烟霞钓徒"，又号"玄真子"。他平时垂钓从不用饵，因为他志不在鱼。他精通绘画，又会喝酒，三斗不醉。但是他真正的兴趣还是修道，他能躺在冰雪中而不觉得冷，泡在水里也不被打湿。

他和当时的名人陆羽、颜真卿都是好朋友，颜真卿在任湖州

神仙传：造化的钥匙

刺史的时候，张志和几乎每天都跟他一同饮酒吟诗，互相唱和。

颜真卿游平望驿的时候，张志和常喝得酩酊大醉，喝醉了就在水面上铺一块席子坐在上面继续喝酒，来来往往的就像一条船似的。

有一次张志和又坐在席子上喝酒渡江，忽然一只云鹤飞来，张开翅膀把他接了上去，两岸的人都惊讶不已，于是张志和一面挥手向颜真卿道别，一面微笑着飞上青天。张志和作过一首极有名的小诗为世传诵：

西塞山前白鹭飞，桃花流水鳜鱼肥，
青箬笠，绿蓑衣，斜风细雨不须归！

是不是很有仙意呢？

李贺

李贺字长吉，是唐代宗室郑王的后代。他身材很细瘦，浓眉大眼，才七岁就能写得一手好文章，因此有神童之称。韩愈和皇甫湜不相信他的奇才，就到他家去考他诗赋，没想到李贺拿起笔来，毫不犹豫地就写出了极好的一首诗《高轩过》。一代文雄韩愈不禁大吃一惊，叹为天才。

李贺由于父亲名叫晋肃，为了避讳，因此不能考进士，官运始终不好，但他热爱写诗，每天骑着小驴，带着书童到城里去闲逛，一有灵感就写在纸条上，扔在锦囊中。

二十七岁那年，有一天他忽然看见有个穿大红衣服的天使骑着赤虬，手上拿着一块板子，上面刻着一些太古的文字，好像是霹雳石文，天使对李贺说：

"上帝召李长吉！"

李贺读不出那些奇怪的太古文字，于是就在榻上不住地叩头说：

"我的母亲又老又病，我不能弃她不顾！"

红衣人笑着说：

"上帝的白玉楼刚落成，想请你去做篇纪念文章，天上的生活非常快乐，一点也不苦，你不必担心！"

李贺哭着哭着，慢慢咽了气。只见窗边上一阵薄薄的烟气，然后又有车轮转动的声音，李贺，一代奇才就这样上了天，到白玉楼为上帝作诗去了。

后人称李白为诗仙，称李贺为鬼才，他的诗风诡谲奇特，启发了晚唐的唯美诗风。杜牧、李商隐都很敬佩他，对于他成仙的事，李商隐尤其信之笃而言之切，他给李贺写的小传中曾经感叹，认为绝世的天才不仅地上少见，而天上也不多得，这也许就是何以上天召李贺而去的缘故吧？

瑕丘仲

瑕丘仲，宁县人，平日以卖药为生，据说他活了一百多岁，卖药也卖了一百多年。

有一次，宁县地方发生了一次大地震，丘仲和其他十几家的房子都倒塌了，他活生生地被压死在里面。地震过去以后，有人把丘仲的尸体找到，丢弃在水中，并且拿了他生前剩下来的药去卖钱。正卖着，忽然看见丘仲披着皮衣跑来取药。那个人吓得面色如土，当即跪地求饶。没想到丘仲竟和颜悦色地对他说：

"别怕，我并不是要吓你，只不过让你有所警惕，我要走了，希望你好自为之！"

丘仲说完就消失不见了，当地人都说他成仙去了。

江叟

江叟是个很会吹笛子的乡下人，他的笛声清亮美妙，每令人有置身世外的感觉。

有一天，他又坐在大槐树上吹笛，绿荫深深，槐花满地，远近的林鸟都停止了喧闹，静听他嘹亮的笛声在蓝天白云之间悠悠飘送。不知吹了多久，槐树下忽然走出一个老神仙，他慈眉善目地听了一段之后，就抬头对江叟说：

"你吹得好极了，天上的仙乐也不过如此。你在这穷乡僻壤被埋没太可惜了，你应该到荆山去找一位鲍仙，让他给你一些指点！"

说完，老仙就隐没槐树里去了。江叟果然到荆山找到鲍仙，鲍仙送他一支玉笛，他接过来一吹，就有一条龙飞来接他到水里去做水仙去了。

音乐通神，中外皆云，希腊神话中奥菲斯的竖琴能够感动禽兽，出入幽冥。在我国，萧史吹箫引凤也是一例，王子晋吹箫成仙更是为人羡称。艺通于道，伟大的艺术家往往能上达宗教的境界，清人龚定庵说"才子中年多学道"大概就是这个道理吧。如江叟者可说是神乎其技了。真正忠于艺术的往往也暗合于道，对于醉心名利的现代艺人，心灵的净化、精神的提升恐怕还是最要紧最先决的吧。

许栖岩

许栖岩家住岐山下，唐贞元中进京赶考，惨遭落第，他就暂时寄居在长安。

有一天，他在长安街上看见一匹蕃马，魁梧健壮，他很想买下来，但是价钱太高，他有点犹豫不决。于是他请道士为他算了一卦，卜出干卦九五爻，卦辞是"飞龙在天，利见大人"，道士对他说：

"这匹马，是龙种，先生若是买下来，将来必可升天！"

栖岩听了大为高兴，就毫不考虑地买了下来。

当时名臣魏令公镇守四川，许栖岩就骑了马去拜访他，中途经过剑阁的时候，马忽然失足跌落下万丈深渊，当时情况非常惊险，但是人马居然都安然无事。许栖岩惊讶得不得了，继续走了几十里后，他来到一个洞口，看见洞中繁花盛开，树林旁边还有青石水池，池边石屋中有位道士，白发红颜，平躺在石榻上面，有两个仙女在一旁侍候他。许栖岩的出现，惊动了那两个仙女，她们问道：

"你是什么人，竟然闯进太乙元君的仙居！"

栖岩就把实情告诉她们。她们又去转告元君，元君就问他说：

"你在人间都喜欢做些什么事？"

栖岩回答说他最喜欢诵代表老庄思想的《黄庭经》。

元君又问他说：

"你对老、庄有什么心得吗？"

栖岩回答说：

"庄子说真人用脚跟呼吸,老子则认为精神才是真实的,《黄庭经》讲的是长生不死的道理!"

元君说:

"你讲得不错,确实得到要领了!"

于是就请栖岩坐下,要玉女倒仙酒给他喝。元君说:

"当年嵇康不能得的而今你得到了,这也是命呢!"

许栖岩赶紧跪谢,只听见玉女说:"颎道士来了!"

元君吩咐设榻而坐,栖岩定睛一看,那位颎道士居然就是当年在长安买马时为他卜卦的那一位。正在惊讶之时,道士开口说话了:

"我当初卜的那一卦,今天就要应验啦!"

不久有仙童骑着鹿龙赶到。说:

"东皇君迎接元君到曲龙山去赏月。"

元君对栖岩说:

"我们何不一齐前往!"

于是他们各跨一只鹿龙破空而去。一眨眼就到了曲龙山,只见危桥高挂,峰峦万丈,元君要栖岩去拜会东皇,东皇对他说:

"你是许长史的子孙,我昨天才和他一起喝酒,他也知道你要来。"

酒席宴间,东皇命玉女清歌,鸾凤起舞,以娱嘉宾。

歌舞完了以后,元君和栖岩再乘鹿龙返回。许栖岩从空中看见地上有一个大城,就问这是什么地方。元君告诉他是新罗国,到了海滨小城,栖岩又问,元君回答说是大唐登州。顷刻间回到洞府,栖岩再拜,恳求放他回家。元君告诉他说:

"你喝了仙酒,可以活到一千岁,但愿你守口如瓶,不要泄露天机,更不可荒唐纵欲,能守住身心的清净,我们将来还有见面的机会。"

许栖岩上马前，元君又说：

"这匹马是我洞府中的神龙，因为伤害农作物而贬谪在人间。你回到人间，不可再骑它，只要把它放回渭水，它自然会恢复龙身。"

这时，玉女也过来悄悄对栖岩说：

"你回到号县，请帮我找到田婆，跟她要几根针寄给我好吗？"

栖岩答应了，他跨上龙马，顷刻间到了号县，而人间已经过了六十年了。当时是唐宣宗大中五年，许栖岩果然找到那位田婆，并且向她要针。田婆说：

"太乙家紫霄姐妹写信来说，托人跟我要针，你就是她们所托的那个人吧？"

田婆把针交给栖岩，栖岩把针系在马鬃上，然后到渭水去把它放了。果然马一见水就腾身变成了龙。

许栖岩后来隐居在匡庐山，出没不定，不知所终。

俞灵瓒

俞灵瓒是河间人，他到衡山九真观去修道，南岳赤君教给他千里眼的法术，他勤恳地修了二十年，修成之后，他能坐在屋子里面看遍天下事，巨细无遗，清楚得就像在手掌中一样。但是俞灵瓒深藏不露，从来不炫耀法术来惊世骇俗。

唐宪宗元和年间，彬州官吏发现他能见人所未见，言人所不能言，就很吃惊地向他盘问。俞灵瓒推说这只是巧合，他本人并没有什么过人之处。

从此俞灵瓒闭门不出，后来到九嶷山去修道，据说也修成了神仙。

老子说"不出户知天下"，俞灵琐可说是他的证人。很多高僧也有这种能力，它不是一般的知识，而是一种超越的知，是知的最高境界。

李珏

李珏是唐朝广陵人，平日卖米为业，每斗米只赚二文钱，用来奉养父母。他每次卖米，都让买主自己拿升斗去称量，毫不计较，也不生疑。

当时的丞相也叫李珏，他在淮南的时候，做梦进入一个洞府，看见石壁上有金色的两个大字，逼近一看，竟然是自己的名字：李珏。他大喜过望，以为自己已经名登仙榜，正在沾沾自喜时，忽然走来两个童子对他说：

"这是指的江阳郡的一个平民，他和你同名同姓，也叫李珏。他一生纯孝而且厚道，理当成仙！"

李珏在世间活了一百多岁，后来果然成了神仙。可见成圣成仙的条件是品格而不是权势。

伊祁玄解

伊祁玄解，名字怪，人也怪，他长得鹤发童颜，遍体清香，平时常骑一匹黄马，这匹马不吃草也不用缰绳，只用青色的毛毯盖在背上。他就骑着马，遨游在青州兖州之间，见人就谈千年前的事，都好像亲眼看到的一样。

唐宪宗听说他的大名，就召他入宫，招待他住在最豪华的九华宫里，每天请他喝最名贵的龙膏酒，并且亲自向他问道，对他非常礼遇。然而玄解天性直率，从来不拘君臣的礼节，皇帝问他说：

"先生寿比山高而容貌不老，这是什么道理呢？"

玄解回答他说：

"我在海上种植了灵芝草，吃了就能长生不老。"

为了报答皇帝的礼遇，玄解就亲自把灵芝草的种子取来，种在宫庭园囿里，一共有三种：双麟芝、六合葵和万根藤。皇帝吃了之后，果然觉得大不同于前。

过了不久，玄解想回东海去，皇帝不准，于是玄解就在宫中用木头刻了蓬莱三山，金碧辉煌，珠光宝气。皇帝被请来欣赏，皇帝指着蓬莱说：

"如果不是成了仙的人，怎么可能进入这种佳境呢？"

玄解笑着回答说：

"三岛只在咫尺之间，并不难到，我虽然无能，倒愿意试与陛下进去一游呢！"

说完，他立刻跃身空中，身体慢慢缩小，居然钻进了假山的金银宫阙中，左右宫人拼命喊他，他也不出来了。

看到这"仙遁"的一幕，皇帝悔恨得不得了，几乎都生起病来。于是就将那座假山命名为藏真岛。又过了几天，从青州传来消息，说是看见玄解乘马踏海而去。

钟鼎山林，不可强也，仙人要是老住在宫中也不成其为仙人了。伊祁玄解说"仙岛只在咫尺"，他的意思可能是指人心自有仙境，不必求于外界，至于缩身的法术不过是以假喻真，游戏神通罢了。

郑全福

郑全福,江西浮梁人。唐文宗时,他到新安诸灵洞修炼,后来又到莲华洞,游桃花溪。

在桃花溪的时候,他常常看见一个老人,在满布桃花的溪水上撑着一条铁船来来往往。看起来那条铁船应该很重,但是老人轻快地撑着,一点也不觉得吃力,船也不会沉没。全福心里很纳闷,暗想这位老者一定不是寻常人,于是有一天,他就厚起脸皮向老人借船回乡,没想到老人竟毫不犹豫地答应了,不过他要求全福最多三年就要回来。

三年后,郑全福如约回来了。他在桃花溪上游了三年,回来的时候居然已经一百多岁了。后来据他的弟子说,他撑着那条不沉的铁船,溯桃花溪直上成仙去了。

柳实与元彻

柳实与元彻是衡岳人。唐元和年间,两人结伴到骧、庆二州去省亲,在登州渡海往交趾的途中,半夜忽然刮起飓风。舟缆都断了,他们这一对难兄难弟也一齐漂入大海孤岛中。

第二天天亮的时候,他们爬上小岛,四处闲荡。在岛上他们发现一座庙,庙里面有白玉天尊的塑像,神案上有金质的金炉。他们正在东张西望的当儿,忽然东方出现了紫色的云彩,从海面涌出直奔岛上而来。一眨眼间,有两个侍女捧着玉盒来到天尊庙一面礼拜一面还烧起浓烈的异香。柳、元二人赶紧上去向这两位侍女解释

他们海上遇难的事,请她们设法帮忙。侍女告诉他们说:

"等一会儿尊师会到此和南溟夫人会面,到时候你可以向他们求救,一定有用。"

侍女才说完,就看见有两位仙人乘着白鹿,挥着彩霞翩翩来到。柳、元二人立刻拜地求救。

那位玉虚尊师对他们说:

"二位且随南溟夫人去,一定可以找到归路,不必担心!"

南溟夫人对柳、元二人凝视了半天说:

"你们两位颇有仙风道骨,以后必然修成神仙。不过二位另外别有老师,我和你们并无师徒的缘分。但是既然萍水相逢,我也不能不有所表示……"

说着,她要侍女送他们回去,临行并且送给他们一只玉壶。

他们拜辞了仙人,一走出门,猛然看见一条几百丈的桥,栏杆旁边都开满了奇花,二人从花草间偷看,原来那长桥竟是一群神龙相接而成的。快要走到岸边时,侍女解开衣襟,拿出一个盒子,里面有个像蜘蛛形状的东西,对他们说:

"我是水仙,命根里纯阴无阳。过去曾经遇见一个番禺来的少年,两情相悦,珠胎暗结,现在孩子已经三岁大了。南溟夫人命我把孩子送给南岳神做义子,几年前南岳回雁峰山,有个使者到水府来,拿了我孩子所玩的玉环我,而那个使者居然把它藏了起来不交给我。二位这次回去,麻烦你们到雁峰山帮我找到那个使者的庙,然后拿这个盒子去,就能得回玉环了!到时候还要烦请二位将玉环送到南岳交给我儿子,我儿子一定会问你们话,二位千万不要回答!"

柳、元二人就问侍女说:

"夫人说,我们将来到了人间若是扣那只玉壶会有事情发生,这到底是什么意思呢?"

侍女回答说:

"二位如果有什么心愿,一扣玉壶,万事如意。"

他们又问侍女说:

"夫人说我们另有老师,那人又是谁呢?"

侍女回答说:

"就是南岳的太极先生!"

对答完毕,二人告辞离去。等回到家时,人间已经过去十年之久了。过去的儿童都已长成青年,他们的妻子也都已经死了。今昔相比,真有隔世之感。

第三天,他们二人急扣那只玉壶,壶中发出一个声音说:"可以到使者庙去投盒子了,你们二位将得到妙药!"

两人赶快前往雁峰山,找到了使者庙,然后把盒子呈了上去。顷刻间一只黑龙飞腾在空中,果然扔下一只玉环,他们捡起玉环,飞奔南岳庙。在庙里有一位黄衣少年,拿出两个金制的盒子说:

"这个药名叫返魂膏,两位家里如果有人死了,哪怕过了六十年,把它抹在头顶上都可以复活!"

话才讲完,少年就消失不见了。

于是两个人就回了家,并且依言把药抹在妻子的头顶上,果然都复活了。于是他们就一起前往南岳衡山,拜访太极先生,但找了一年都没有找到。

有一天他们看见有个老头儿在大雪中背着薪柴独自行走,两人不忍见他年老受冻,就拿酒请他喝。才一靠近,忽然看见木柴担子上刻着"太极"两个字,两人大喜过望,立刻跪地拜师,并且拿

出玉壶作为凭证。老人看见玉壶就说:

"我平生所炼的玉液就贮藏在这只壶里呢!"

于是老人领着他们两个,一同登上祝融峰,从此再也没有回到人间。

卢山人

卢山人的来历不详,宝历年间他常在荆州出没,表面经商,偶尔却表露出一点奇迹,大家都觉得他莫测高深。

有个商人赵元卿想跟他交往,于是就常常向他买东西,并且借机向他问道。卢山人发觉有异,就问他说:

"你究竟为什么找我呢?"

赵元卿回答说:

"我知道你是深藏不露的高人,希望领教一二!"

卢山人笑着说:

"我看你家主人今天午时将有大祸临头。如果你听我的劝告,大祸可免。快到午时的时候,将会有个卖饼的人背着袋子到你家,他袋子里有两千多钱,他会无理取闹,你千万记得要紧闭门户,告诫妻子,不可跟他说话。对方会破口大骂,你们要全家跑到水边去躲避,这样只要破财三千四百钱就可消灾了!"

当时赵元卿正寄居在一个姓张的人家,他回去后,马上把卢山人这一番话原原本本地据实相告。张先生也一直很佩服卢山人,于是一切照做。他关上了门,快到午时了,果然有个人像卢山人形容的一样,叩门求米。由于张氏不应,他勃然大怒,用脚猛踢门户。因此惊动了左邻右舍,都纷纷跑来围观。同时张氏带着妻子

神仙传：造化的钥匙

儿女从后门逃到河边去回避。午时刚过，那人才悻悻然离开，但才走了几百步，忽然跌倒而死。那人的妻子闻风赶来，围观的人群把当时的情况告诉了她。她非常痛心，就跑到张家去哭闹，并且诬告是张家害死了她丈夫。结果一行人闹进了衙门，县令一时也不知如何判决，幸亏有邻人为他们作证，县令才明了真情，他对众人说：

"张氏虽然没有罪责，但是道义上应该为死者料理丧事。"

张氏欣然答应了，他的太太也没有怨言。他们到城里把事办好，一算果真花了三千四百文钱，跟卢山人预言的丝毫不差。

卢山人后来到复州去，准备拜访一位陆秀才。有人告诉陆秀才说卢山人有道术，于是陆秀才就先行前往拜望卢山人。当时陆秀才想要到京城去投靠一个好友，因而请教卢山人吉凶祸福。

卢山人对他说：

"你现在不要去。你现在住的地方屋后有一缸钱，用木板盖住，那不是你的，钱主今年才三岁，你千万不要动用一文钱。一拿就会有祸，你能听我的劝吗？"

陆秀才惊讶地答应了。

卢山人走了以后，陆秀才笑着对妻子说：

"卢先生既然这么说，我还等什么！"

他立刻命仆人把地挖开，不到数尺，果然挖出一缸，里间装满铜钱。他的妻子用裙子把钱装了起来，有一万多贯。正数着，忽然他的儿女大呼头痛，陆秀才大惊说：

"莫非是卢山人的预言应验了？"

他立即骑马追上卢山人，向他谢罪。卢山人很生气说：

"骨肉和金钱谁更重要！你自己衡量一下吧！"

说完掉头就走，陆秀才回家时，赶紧把钱装好埋了回去，他的儿女马上就痊愈了。

卢山人到了复州，和几个朋友在街上闲逛，遇到六七个人穿着讲究、酒气冲天。卢山人一见他们就大声呵斥说：

"你们这些家伙胡作非为，离死不远！"

那些人立即跪地就拜，并且一面谢罪说：

"从此再也不敢了！"

卢山人的朋友都很惊讶，问他这是怎么一回事。卢山人回答说：

"这些人都是江上劫船的强盗。"

有个赵元和跟卢山人很熟，据他形容，卢山人的容貌有时看起来很老，有时候又很年轻，同时也很少看见他进饮食。他曾对赵元和说：

"世间的刺客会隐形的不少，而得道的人得了隐形术不用的，过了二十年可以分身变形，脱离躯壳。再过二十年就变成地仙了。"

卢山人的言行非常奇特，因此时人推测他必然也是神仙中人。

裴航

裴航是唐朝长庆年间的一个书生，由于考试落第，他就到各地去拜访老朋友。当时的崔相国送给他二十万钱，于是他就雇了大船游于襄、汉之间。同船有位樊夫人，是有名的美女，裴航没有机会和她见面，就请婢女拿着自己写的诗去表示爱慕之意。过了几天，樊夫人也请婢女来邀裴航会面，对他说：

"我的先生在汉南，他想弃官修道于岩谷，我的心情十分忧烦，请不要再跟我开玩笑好吗？"

她也写了一首诗给裴航，裴航看了又遗憾又惭愧。到了襄、汉之后，樊夫人不辞而别，裴航到处都找不到她。

有一天他到了蓝桥驿，因为口渴，想找点水喝。他看见有三四间茅屋，屋里有个老妇人在织麻，裴航向她行礼求水，老妇就喊着说：

"云英，快拿一瓶水来！"

裴航忽然想起樊夫人送他的诗中有提到云英的句子，正在惊讶中，不久那个叫云英的少女捧出一杯水，裴航一喝，只觉味道比甘露还要鲜美。

裴航因为好奇，又向帘帷间偷看，他发现里面有个女子光艳照人，裴航不觉为之心动。他就对老妇人说：

"我的马很疲倦了，在下能否在府上借宿一下？"

老妇人说：

"请自便吧！"

过了一会儿，裴航忍不住，就对老妇人说：

"刚才我看见小娘子艳丽惊人，美貌无双，因此舍不得离去，希望能接受我的厚礼，让我娶她为妻！"

老妇人说：

"我又老又病，膝下只有这么一个孙女。昨天有位神仙送我一些灵药，只要用玉杵去捣，一百天后吞下去，就能长生不老。你若想娶她，只需要送一把玉杵即可，其余财物我不需要！"

裴航道谢说：

"希望你等我一百天，我一定带玉杵来，您可千万不要再把她许配给别人。"

老妪连声地答应了下来。

裴航到了京城，他什么事也不做，只是一心一意地寻找玉杵臼，逢人就问，不论识与不识，都以为他疯了。

有一天他遇见一个卖玉翁对他说：

"最近我的朋友卞老在虢州写信来，说他有玉杵臼想卖。今天你既然如此诚恳，我就为你写信去说说看！"

裴航赶紧连声称谢，并且带了卖玉翁的介绍信立即赶去找卞老。卞老说：

"这个玉杵臼可是名贵得很，非二百缗不卖。"

裴航于是倒出所有的钱，并且卖了童仆和马匹，才凑足钱数。最后他只得徒步走回蓝桥。

老妇人见他回来了，就哈哈大笑说：

"世间真有这么守信的人吗？"当即答应了这门亲事。

而同时那位美女也微笑着，她对裴航说：

"虽然你如期回来了，可是还得捣药百日，才能正式谈到婚事。"

老妇人从衣带里解下药来交给裴航。裴航立刻放在玉杵臼里捣炼。到了晚上，老妇人就把药臼收回室内，隔墙时时传出捣药的声音，裴航偶然从门缝里偷看，发现居然有只玉兔站在里面捣药，雪亮照人的一只白兔！

百日满了以后，老妇人把药吞了下去说：

"我要到仙洞去了，我会通知亲戚来办理婚事！"

她带着孙女到山上去了。临去前，她对裴航说：

"你稍微等一下，我们去去就来！"

过了不久，果然远方有车马仆役赶来迎接裴航。裴航看见一座高楼连云而起，红门里有屏风喜帐，珠玉珍宝，无所不有。仙童侍女引裴航进帐里去行礼。裴航向老妇人跪拜，老妇人说：

"裴郎，你就是清冷裴真人的子孙，你命中注定要超脱尘世，不必感到意外！"

老妇人向他介绍自己的亲戚，他们当然都是神仙。其中有一位仙女自称是妻姐。裴航向她行拜礼，她说：

"裴郎啊，你不认识我了吗？"

裴航一点也想不起来，只有连声道歉。仙女说：

"你忘了在江上同舟抵达襄汉的事了吗！"

裴航自觉惭愧，左右说：

"她就是嫂夫人的姐姐呢，已名列仙籍！"

老妇人于是带着裴航夫妇入玉峰洞中，住的是琼楼玉宇，吃的是仙汤仙药。裴航渐渐脱胎换骨，神化自在，也修成了仙人。

太和年间，裴航的朋友卢颢在蓝桥驿遇见他，知道他成仙了，就向他请教修道的秘诀。裴航说：

"老子说要使心地空灵，中气充足，而现在一般人心里都是妄想，纵欲过度，泄露元气，该空灵的不空灵，该充沛的不充沛，反其道而行，又怎么能修成大道呢？"

卢颢听了觉得很有道理，正想继续请教，裴航却忽然消失不见了。

侯道华

侯道华是芮城人，也有人说他是从峨眉山来的，他在道靖观拜周悟仙为师。平日疯疯癫癫的有似狂人，他专门喜欢登高历险，别人不敢去的地方，对他来讲却是如履平地，久而久之，大家慢慢觉察出他不是疯狂，而是莫测高深的有道之士。但是他和一般的道士又有一点小不同，那就是他天性好学，尤其爱读子书和史书，每天都手不释卷，用功得不得了。

有一天，道观的天花板坏了，他爬上去修理，无意间在梁上发现一个小金盒，盒里有丹，他吞了下去，忽觉身轻如燕。他登上松树顶，和鹤一起嬉戏，慢慢地，他的身子飘举起来，最后竟然凌空而去。

廖师

廖师是郴州人，唐懿宗召他入宫，向他请教道术。后来他因不耐宫中的繁华，又请皇帝放他回山去了。

他在郴州时，认识了当时的大文豪韩愈。韩愈曾经送他一篇文章，大意是说：郴州地方山明水秀，所以他推测此地一定有奇特的人。而廖师元气充沛，容貌沉静，多才多艺而又善于交游，这大概就是所谓的奇特而爱好老子之道的人了吧！

后来据说廖师在静福山得道升天。

韩愈是第一个揭示孔孟道统的人，但是他和道士和尚都有来往，可见儒道佛三家思想在当时已经互相吸引，互相融汇，慢慢成为中国人普通的信仰。

刘德本

刘德本是鄂州人，好读古人的书并且多才多艺。他平素来往于大江两岸做点买卖。

唐乾符年间，天下闹饥荒，刘德本布施了好几万石的米救活了许许多多的饥民，当然，这只是许多善行中的一样而已。

后来黄巢作乱，他住在五老峰下，有一天，一个穿鹿皮衣的道士来拜访他，于是两人就携手进了深山。走了没多久，忽见一个老人走出来对他们说："请到后院一行！"

他们才走进去，只见奇花异草，凤阁龙楼。老人说："这就是洞天福地，因为你努力行善，所以有缘来此，现在你已名列仙籍，可喜可贺！"

德本后来遍游名山，据说不久也白日升天去了。

何令通

何令通是南唐的国师，他原先住在牛头山，后来他发现牛头山不利于修道，就迁到芙蓉峰去隐居。

何令通既不炼丹也不采药，他的修行很简单，就是打坐，以求专心一意，彻悟本源。他不分寒暑地坐了四十年，终于有一天豁然大悟，对于宇宙人生的根本道理得到透彻的了悟。从此他改名叫"慕真"，表示自己已经接近真理了，他唯一的期待，就是尽快摆脱这个在尘世受罪的"臭皮囊"。

宋天禧年间，有一天早上他正在打坐，忽然从心里发出一片真火，顷刻间将他的躯壳销毁，摆脱了"臭皮囊"的他，当然是以一种极特殊而少见的方式修成大道了。

打坐是三教必修的共同科目，宋明理学家也非常注重。佛家说"由戒生定，由定生慧"，真正的智慧是从一心不乱的清明之境中自然产生的，相对于此，知识则只是对事物之理的追踪和解释；就好比一面大圆镜，一尘不染则光明普照，此之谓智慧。沾满尘埃所照出来的景象则是知识。而大圆镜者不是别的，正是人心之本然，打坐就是要消除妄念的尘埃，使智光重现的一种功夫。

麻衣仙姑

麻衣仙姑是汾州人，姓任，她隐居石堂山，家人几次到山里去找她，都遍寻不着。

有一次她无意间给一个邻居碰上了，那人想拉住她问两句话，没想到她一头就跳入石壁中，并且发出轰隆轰隆的声响，她跳进去之后，那块石壁自然复合，完全看不出一丝裂缝。只有她的足迹清清楚楚地印在石壁上。

她的家人知道了这件事，就跑来向这个石壁上的脚印膜拜，远近许多不相干的人也闻风赶来向她祈福，麻衣仙姑虽然矢志隐居，而她的仙名却不胫而走，这倒是出乎她意料了。

神仙传：造化的钥匙

尔朱洞

尔朱洞，字通微，他的祖先隶属元魏的尔朱族。他幼年时遇见一个异人教他修道，因而给自己取了个别号叫"归元子"。他最初隐居在蓬山，后来到四川一带去卖药。平素行步如飞，喜欢喝猪血做的酒。喝酒之后就大声吟诗，自得其乐。

在四川的时候，他长住在一间客栈里面。客栈老板每夜都听见他房间里有声音。有一天老板从门缝里偷看，发现他虽打坐在床，但是身体却能从床上冉冉升起，一直到碰到屋梁为止。原来房间里的声音就是他头碰在梁上所发出来的。

唐朝末年，王建领兵围攻成都，尔朱洞当时也陷身城中，王建攻了很久都攻不下来。王建大怒，宣称一旦城破，他定要杀个鸡犬不留。城里百姓知道了，都非常震恐，尔朱洞却对他们说："不必忧虑！"于是他就拿了一块席子来作法。这时王建和他的部属都看见有神人脚踏黑云而来，并且对王建大骂说：

"谁若想伤害城中百姓，我就要让他们遭殃！"

王建一见吓得跪倒在地，频频求饶。后来王建入城以后，严格命令士兵不准伤害一个人，全城因此得以保全。

尔朱洞依旧在成都卖药，他每卖一粒收十二万钱，当时有位太守老爷想要向他买药。尔朱洞对他说：

"太守老爷家财万贯，一粒非一百二十万钱不卖。"

太守大怒，认为他是妖言惑众，就叫人把他关在一只竹笼里，然后把笼子沉在江中。这个笼子随波逐流，最后漂到涪江上游，有两个渔人乘船打鱼，无意间网住了竹笼，打开一看，赫然发现尔朱洞在里面。渔人说：

"这必定是个异人，他大概是入定了吧！"

两人就敲铜盆把他叫醒，慢慢地，尔朱洞睁开了眼睛，他问渔人说：

"这里距离铜梁还有多远？再过去是不是有座三都山呢！"

渔人回答说：

"我们是白石江人，这里距离铜梁还有四百里，从那儿往东去，就是酆都县平都山了，山上有座仙都观！"

尔朱洞听了就说：

"我的师父告诉我，等我到了三都，看见'白石浮水'的时候，就可以成仙了，我想这里就是他所指的那个地方了！"

原先尔朱洞沿江而行，每到一处就把白石头投入江中，看看是否能浮出水面，旁人都不了解他的意思。原来他师父所说的"白石浮水"是指这两个渔夫呢！

尔朱洞上了岸，对两个渔人说：

"我看二位也像有道之士，敢问你们的师父是谁？"

渔夫回答说：

"我们过去在海上遇见仙人，他教我们修炼之道，已经有好些年了！"

尔朱洞于是和他们一起喝酒，并且把丹药分给他们吃，最后他们来到一座荔枝园中，三个人同时乘云而去。

陈抟

陈抟字图南，号扶摇子，是亳州真源人。他小时候一直不

神仙传：造化的钥匙

会说话，到了四五岁时，有一次在涡水游戏，水边有个青衣老妇人，把他抱在怀里喂奶，陈抟这才忽然开口讲话。他自小敏悟过人，长大后，经史子集一览无遗，过目成诵。才十五岁，礼记书经以及各种医书都无不通晓。

后来他的父母都死了，陈抟对亲戚说：

"我过去所学的，都只不过是背诵死人的姓名而已，我现在要到泰山去向安期生、黄石公这些仙人问道，从此再也不随波逐流、与世沉浮在生死轮回之中了！"

陈抟散尽了所有的家财用以救济贫寒，他本人则只带了一个石铛飘然而去。梁唐各朝的士大夫仰慕他的清高，都以见他一面为荣。然而陈抟鄙视荣华，对他们全不理会。唐明宗听说他的高名，亲自下诏书请他去，结果他到了朝中，也只是行礼而不跪拜。明宗因此更敬重他，并且赐他三个宫女，陈抟写了一首诗拒绝了，他本人则跑到武当山隐居起来，每天在岩洞里精诚修道，一直修了二十多年，后来又迁居到华山去，当时他已经七十多岁了，时常关门大睡，一觉就是一个多月，因此时人称他"陈抟高卧"。

周世宗显德年间，有个樵夫在华山上发现一具沾满灰尘的尸体，就近一看，竟是陈抟。他慢慢睁开眼睛说：

"我正睡得甜呢，你为什么要来吵我！"

周世宗曾经召见他，赐号为"云先生"。

有一天，陈抟骑驴在华阴市上闲逛，忽然听人说宋太祖赵匡胤登基为帝，他不觉拍手大笑说：

"好哇，从此天下太平了！"

宋太祖知道了，就召他相见，并且要封他官做。陈抟很客气地谢绝了，他对太祖说：

"我的一片野心，早已被白云留住了！"

宋太宗继位之后，也一再召他入宫，他不得已，才勉强赴京。但是他在宫中只求一间安静的房间，以便修道，太宗就赐他建隆观，结果他竟在观中一睡一个月，睡醒之后就告辞求去，太宗留不住他，只好让他回去，且赐号"希夷先生"，因此后人习惯上都称呼他"陈希夷"。

端拱元年，有一天他对弟子说：

"我明年中元节后要到峨眉山去！"

第二年他叫弟子在张超谷凿一个洞作为石室，凿成之后，陈抟就说：

"这大概就是我的归宿了吧！"

陈抟于是就坐在石室里，准备坐化，他叫弟子通宵点燃蜡烛。最后的时刻到了，他用左手支撑着头，就这样与世长辞。一直过了七天，他的容颜都不改变，全身温暖，并有五色祥云封住洞口，经月不散。他一共活了一百一十八岁。

陈抟生前对于《易经》最有研究，特别精于辨识人物的善恶忠奸、贤愚不肖。五代末天下大乱，当时赵匡胤的母亲用担子挑着他们两个兄弟（后来的宋太祖、太宗）逃难，陈抟半路遇见他们就说：

"不要说当今没有天子，天子就在担子上被挑着呢！"

后来有一次又遇到太祖太宗和赵普同游长安市，陈抟也一起跟进一家酒铺。赵普坐在太祖太宗的右边，陈抟就对赵普说：

"你不过是紫微星边的一颗小星，怎可随便坐在上席？"

又有一次，周世宗和宋太祖同行，陈抟就说：

"城外现在有两股天子气聚在一块儿了！"

种放最初跟陈抟交往，陈抟对他说：

神仙传：造化的钥匙

"你将来会遇到英明的皇帝，并且驰名四海，然而名是造物主所厌忌的东西，天地间没有始终不坏的美名，你的名声恐怕也要遭到打击呢，千万注意呀！"

种放晚节果然不保，一如陈抟所预言的。

当时有个名人叫陈尧咨，他考上进士的时候曾去拜访陈抟。他在陈抟房中看见一个道士，头上梳了个髻，凝视着他对他连续地说：

"南庵、南庵！"

说完道士就离席而去。

陈尧咨很诧异，就问陈抟说：

"刚才那位道士究竟是谁呀？"

陈抟回答说：

"他就是钟离子（八仙之一）啊！"

陈尧咨一听大为悔恨，因为他当面错过了一个出名的大仙，恨不得想立刻追上去。陈抟笑着说：

"不必了，他现在人已经在几千里之外了！"

陈尧咨又问：

"刚才他连声说南庵，这到底是什么意思呢？"

陈抟回答说：

"这个你以后自然会知道！"

后来陈尧咨到福建任官，偶尔经过田间，听见有个妇人在喊她的孩子说：

"你到南庵去催你父亲回来！"

陈尧咨大吃一惊，就问那个妇人南庵在哪里，结果当他赶去一看，发现那竟是个已经荒废的佛寺。寺里有一块碑，上面刻着"某年某月某日，南庵主人过世，他的真身就供在这里"，陈尧咨仔细一看，那个日期正是自己的生日！

陈抟生前有预知的能力。他的房中挂着一个大葫芦，道士贾休复心里很想得到它，但是嘴上却不好意思讲出来，陈抟发觉了就对他说：

"你要这个葫芦吗？"

说完就叫侍者把葫芦拿下来送给他。

又有一次，一个叫郭沆的，寄居在他的观中，半夜陈抟忽然叫醒他，要他立即回家，并且跟他一同前往，走了一二里，有人大喊说他的母亲过世了，陈抟送给他一些药，叫他赶紧送去还有救。结果居然使他母亲起死回生。

当时华阴县令王睦问陈抟说：

"先生您究竟住在哪里，外出时由谁看家？"

陈抟悠然地用诗回答他，大意是说：

> 华山高处是我的家，
> 出门时凌空将晓风骑跨，
> 我的家用不着金锁，
> 自有白云将它封住！

有一天，一个客人来拜访他，正好他在睡觉，旁边有个异人在听他的脉息，并用黑笔记录下来，满纸都涂黑了。客人很诧异就问他在做什么。那人回答说：

"这是陈先生的华胥调、混沌谱呀！"

他的意思就是说，陈抟的脉息已经像天籁一般自然了。

陈抟曾经遇见毛女，毛女送给他一首诗，大意是说：

> 你的药还没有装满，
> 必须爬上更高的山，
> 回顾归去的路，
> 让我们携手走入山岚中吧！

宋太宗听说陈抟很会看相，就请他去看赵恒，他才走到门口就回来了。太宗问他为什么不进去，他说：

"连门口的仆役都是将相之相，何必再看他们的主人呢！"

就因为他这句话，太宗决心立赵恒为太子以继承帝统。

陈抟在历史上的形象，不仅是一个传奇性的道士，他的影响深远，恐怕是任何道士也及不上的。他以《易数》传授穆修，穆修又传给李挺之，李挺之再传给邵康节（邵雍），于是就形成了宋代理学的传统。而同时他的易学在民间也广为流传，成为星象卜筮的一宗，至今拥有大量信徒。所以不论在文化的上层或基层，陈抟都是极有影响力的人物。他题在壁上的名句"开张天岸马，奇逸人中龙"，现在看来，正是他本身最好的写照。

刘玄英

刘玄英是广陵人，号海蟾子，初名操，后来得了道，就改称字号。在朝中任官，很得宠幸。

有一天，一个道人自称正阳子来拜访他，他招待这位道士坐在大堂上，对他非常客气。这位道人为他讲解清静无为的道理，以及炼丹之类的事情，说完之后，竟然跟他要了十个鸡蛋、十文金钱，然后用一文钱为底，上面累积了十个蛋在钱上，形状如同一座佛塔，刘玄英一见大惊，他立刻悟道，不觉脱口而出说：

"多么危险呀！"

道人于是对他说：

"在富贵场中，忧患最多，那种危险是比这座小塔更有过之的！"

道士说完，又用其余的金钱将那座十层蛋塔层层击破，然后头也不回地飘然离去。

经过这一幕，玄英顿时大悟，当夜命家人收拾一切，辞官而去，隐居在终南山下。

若干年后，玄英修成大道，据说他过世的时候，头顶上冲出一股白气，白气化成鹤飞向天空，他不但永远离开了名利场，也从此远离了红尘的一切羁绊。

苏澄隐

苏澄隐是真定人，在龙兴观里当道士，八十多岁的高龄，却一点也不见衰老。

五代有许多君主都曾相继礼聘他入宫，他都一一回绝了，直到宋太祖征太原，回到镇阳的时候，曾召见他，向他请教养生之术。他回答皇帝说：

"我的养生术不过只是炼气之类的功夫，至于帝王的养生术则大不相同。老子说过：我能够无为，百姓自然感化，我能无欲，百姓自然依循正道。过去的唐尧所以享国长久，正是因为他做到了这一点。"

宋太祖听了非常高兴，而治理天下也能出以道德。所谓无为而治，其实就是以道德治理天下，以道德感化百姓。

张九哥

张九哥是北宋庆历年间的人，住在京师里，虽然隆冬大雪，他也只穿一件单衣，因此大家都视他为异人。

当时的燕王曾召他入宫，并招待他宴饮。酒过三巡，他忽然对燕王说：

"我就要出京远游，现在表演一套小戏法作为临别纪念吧！"

说完，他拿起剪刀把一块布剪成蝴蝶的形状，这些布蝴蝶居然随剪随飞，遮蔽天日，过了一会儿他一叫，又把蝴蝶召了回来，不多久又变成了布。燕王一见大乐，就问他自己的阳寿有多长？他回答说和开宝寺的佛塔齐寿，后来这座塔不久就毁于火灾，燕王果然死在同时。

剪成布蝴蝶，若非幻术，就是表示"万物一体"的意思，或"变化无常""复归于道"的意思，道家法术往往如此，要往深一层想才能了解。

马湘

马湘字自然，他的祖先做过盐官，世代为小吏。而马湘却偏爱经史，工于文学。他曾广结僧道，遍游寺观，有一次在湖州，因醉酒失足跌进河里，过了一整天才爬出来，而衣服竟然一点都没有沾湿。事后他对朋友说，原来那天他是被项羽召去喝酒去了。

马湘精通道术，他能把拳头塞到鼻子里去，再伸出来而鼻子一点没有变形。他能用手一指，使溪水倒流，再一指，而桥断，类似这种小法术，他无所不能。有人找他看病，他也不开药方，只是拿竹杖打患处，或用竹杖轻轻一指，然后口吹杖头发出雷鸣，病人应声痊愈。他看病从不收费，除非对方坚持，他就把钱散给穷人。

他平生最爱旅行，每到一处必有诗歌题咏。后来他回家去探望哥哥，正值哥哥出门，他就对嫂嫂说：

"我这次回来想和哥哥分家宅，而我所爱的只有这座东园，此外我什么都不要！"

嫂嫂留他吃饭，他不吃，只是饮酒。等了三天哥哥也没回来，而马湘居然不声不响地死了。第二天他哥哥回来了，听妻子一说不禁失声痛哭说：

"弟弟学道许多年，这次回来竟是为了要死在老家！"

于是置备棺材将他安葬在东园。

过了一年，东川道士上奏说马湘白日飞升了。朝中派人开棺检视，不料棺中只有一支竹杖，其余一无所有。

王鼎

王鼎是襄阳人，最初他以行医养活家人，后来遇见钟离先生，不久就得了仙术，从此自号王风子。

王鼎得道后行径十分古怪，他似乎从来也不需要吃饭，然而容光焕发，胜过常人。有一天，他在江边散步，有人发现水上居然有两个他的影子。于是就问他原因，他不慌不忙地反问说：

"你们还想再看看吗？"

说完立刻又现出十个影子，一一荡漾生姿，大家都惊讶得说不出话来。

宋真宗曾召见他，他见了皇帝只是作揖而不下拜。不久销声匿迹，只留下一本著作：《修真书》。

侯先生

侯先生不知是何方的奇人，只知道他在宋朝大中年间，在京师里卖药，四十多岁的年纪，须眉全无，而全身长满了赘瘤。

有一次他喝醉酒就跳到池中洗澡，他的朋友马元在一边偷看，没想到侯先生一入池中竟变成一只大蛤蟆，马元吓得退避三舍。侯先生浴罢更衣，马元向他作揖，侯先生笑着问他说：

"你刚才看见我了吧！"

侯先生后来不知所终，但四川有人常见他往来卖药，他究竟是人是蛙？还是通于变化的道人？这些就不是常情所能猜测的了。

张柏端

张柏端是天台人，自幼好学，晚年学道，遍游四方，宋神宗熙宁二年，在四川遇见刘玄英，得到仙道真传，于是改名用成，字平叔，号紫阳。

当时有位和尚，修习戒定慧，自以为已经得到最高境界，能够入定，并且在定境中神魂出游，好几百里的路，顷刻间抵达。他和张柏端志趣相投。有一天张柏端对他说：

"禅师今天愿意同我一起远游吗？"

和尚回答说:"好呀!"

栢端说:"到哪里去呢?"

和尚说:"就到扬州去赏花吧!"

两人于是端坐在一间静室里,面对面闭目趺坐,不久魂魄就飞出了身体。当栢端到达时,和尚已经先到了,并且已经在花圃边绕了三圈。栢端说:

"何不折一朵花为纪念?"

两人因此各采了一枝花回去。不多时,栢端和禅师几乎同时睁开眼睛,栢端问禅师说:

"你的花在哪里?"

禅师低头一看,只见两手空空。栢端于是从袖子里掂出一枝琼花,和禅师一同把玩。

为了这件事,弟子问栢端说:

"禅师与先生一同神游,为什么你带回了花,而他却没有呢!"

栢端回答说:

"我是性命兼修,因此聚则成形,散则成气。而禅师为求速效,只修性不修命,因此所到之地,别人既看不见他,而他也不能改变事物,这就是为什么他能比我先到,却不能带回真花!"

元丰五年夏天,张栢端趺坐而化,住世九十九岁,他的弟子们将他火葬,得到千百颗舍利子,大如果实,青翠有光。大家都说这就是道书上所谓的"舍利金姿",是成道的一种瑞相。

在中国历史上,佛道儒三教常有意见上的争执,但是像张栢端和禅师这种携手神游,赏花论道的意境却很少有。古人说:"道并行而不悖。"真正悟道的人,即使所悟不同,在那最高的境界中,也还是能"相视而笑,莫逆于心"的吧!

徐问真

徐问真是山东潍州人,有道术,他和当时的大文豪欧阳修是好朋友。有一天,他忽然要求离去,欧阳修怎么也留不住他,他说:

"我的道友责备我结交权贵,这是违反道规的事!"

欧阳修无奈,只好派童子为他送行。走了没多远,果然有个头戴铁冠的巨人等在路旁。于是徐问真就用瓢舀了酒,给童子喝了一口,童子一抬头,徐问真和那个巨人都消失不见了。

徐问真曾教欧阳修用引气的方法治疗脚病,苏东坡试过这个方法,果然灵验。

申屠有涯

申屠有涯是宋朝时候的人,住在宜兴,他常随身带着一只瓷瓶。有一天和众人一起渡江,他在船上旁若无人地喝起瓶中的酒来,喝醉了就呕吐,惹得全船的人都讨厌他,最后把他赶下船去,于是他就拎着瓷瓶,大摇大摆地登上了岸。

上岸之后,申屠有涯一边倚着拐杖,一边唱着:

> 孔子不是不贤德啊,
> 然而世人却容不下他。
> 你们这些同船的白痴啊,
> 居然认不出人中龙呢!

唱完之后，他耸身跳进瓶中，这一下吓呆了所有围观的人。他们赶忙把瓷瓶打碎，但见瓶中空空如也，人影全无。

以貌取人是人的通病，但是在船上酗酒呕吐也实在有违公德。入群不乱、和光同尘才是道人应有的表现吧？

雷隐翁

雷隐翁，名本，年少时磊落不群。成年后，也不求仕进，只是整天静坐。有人讥笑他痴。隐翁只报以微笑说：

"我终不愿以我的愚痴来换你的精明！"

有一天，他将道术全部授予他的儿子，从此出游不返。宋元祐年间，有人在罗浮山，看见他坐在一棵松树下面，自称是雷隐翁。

在常人眼中，修道是件难以了解的事。而在道门之中，能够修道有成的又往往是那些看似愚笨的人，而不是聪明狡狯的。老子说"大智若愚"，孔子说"愚不可及"，这些话特别值得汲汲营营、智巧自用的现代人深思。

莎衣道人

莎衣道人，原籍淮阳，姓何，他的祖先曾做过朝议大夫。道人因避乱渡江，年轻时考进士失败，在绍圣末年来到平江。

道人平素身穿白衣，日久衣破，就用莎来缝补。有一次他在水池中无意间照见自己的影子，一时豁然大悟。从此有人来问他未来吉凶，都能准确言中。有人来看病，他只持一根草给病人，病就好了。至于那些求不到草的，必然没救。

孝宗皇帝曾召他做官，他拒绝了。又赐他几套华衣，他也不收，后来不知去向。

像他这种悟道的方式在道教中很少有，倒是在禅门中很常见。

王文卿

王文卿是抚州临川人，他精通呼雷召雨、役使鬼神的法术，宋政和初年，蒙朝廷召见，当时正逢大雨不止，妨碍了典礼的进行，皇帝就要他祈祷，以求放晴。他稍一凝神，立刻天晴，典礼完成之后，雨又继续下了起来。

有一次扬州大旱，请他求雨，他就仗剑喷水，说：

"借黄河三尺水用一用！"

过了不久，扬州城里果真下起大雨，然而水都很浑浊，真像是从滚滚黄河里借来的。

有一天他对弟子说："西北天上起黑云时快告诉我！"

不久果然出现一块黑云，他立刻静坐而亡，仿佛和那块小黑云有什么默契似的。

刘益

刘益是蓝田人，隐居在直庵庐六十年之久。他的肌肤洁白如玉。平时即使徒步在泥巴路上，别人骑马也赶不上他。

宋徽宗对他非常礼遇，但是刘益一点也不为所动。他只愿隐居深山，对荣华富贵避之唯恐不远。

徽宗宣和末年，他常对人说，山川草木腥气难闻。不久之后就成道仙去。在他过世之后，金兵铁骑随即南下，腥膻之气，一如他所预言。

感觉敏锐或清明在躬的人常能预感时代之转变。如北宋邵雍早在天津桥上的杜鹃啼里预见党争之乱，刘益所预见的更惨，这也可能就是他早早仙去的缘故吧？谁说道人没有文化的观念和民族感情呢？

孙卖鱼

孙卖鱼，他的本名没有人知道，只晓得他常在楚州市卖鱼。有一年夏天，他遇见一位道士对他说：

"你的鱼快饿死了，如果你肯请我喝酒，我可以使你的鱼起死回生！"

于是孙卖鱼就请道士喝了足足一斗的酒。道士边喝边和他论道，走了之后，鱼也活了，从此孙卖鱼能够预言祸福，灵验无比。

宋宣和年间，朝廷召见他并赐号尘隐处士。他不久又回到楚州。靖康初年，有一天他忽然无缘无故地失声痛哭，没有人知道原因。后来才晓得，那一天正是汴京失陷、北宋亡国的日子。谁说道教不讲忠义、不恤苍生社稷呢？

魏二翁

魏二翁是濮州雷泽人，曾经遇见异人而得道。他平时手持蒲扇，预言祸福，无不应验，因此为邻里所重。

冬天里，他常亲手缝制棉衣来御寒。晚上小偷想来行窃，二翁立刻就叫出他们的名字，因此把这些偷儿都吓跑了。

宋徽宗慕他的高名，曾派人去造访他。使者到了他的门口，只听见鼻息如雷鸣，却到处找不到人，最后只在房里找到一张纸片，上面写了几句应酬话。使者就把纸片带回献给皇帝，算是交差了事。

自古以来，有道高人都不事权贵，但像魏二翁这种表现，倒是最幽默、最具启示性的方式，想来宋徽宗对他也只有苦笑的份吧！

林灵素

林灵素，字通叟，永嘉人。他的母亲有一天夜里在卧房里看见有红云覆体，因而怀孕，二十四个月之后，一夜梦见神人穿着绿袍玉带，眼出日光，拿着一支笔对她说：

"我想来此借住！"

第二天，林灵素就呱呱坠地了，诞生之时，金光满室，但是他一直到五岁都不开口讲话，后来有个道士不请自来，看见灵素就对他说：

"好久不见，我特地来拜访！"

两人拍掌大笑，说也奇怪，林灵素自此就能说话了。不但如此，他七岁就会作诗，每天最少写一万多字。当时的大诗人苏东坡曾拿历书给他读，他一眼就全背过了。东坡大惊，称赞他说：

"这孩子聪明过我，功名富贵唾手可得！"

不料林灵素竟笑着说：

"生前封侯，死后立庙，到底只是鬼道。我志不在此！"

十二岁那年，他在西洛遇见一位姓赵的道士，教给他神仙变化之术，从此兴云致雨、驱遣鬼怪、役使精灵，无所不能。第二年又在岳阳酒楼里遇见赵道士，道士对他说：

"我是赵升，教你的道术要谨慎为之。不久将封神霄教主，兼领雷霆大判官，以辅佐东华帝君。"

崇宁五年八月十五夜，宋徽宗梦游神霄府，并应邀访玉帝。他腾空而上，遥见天门外有一个人，戴七星冠穿道袍，手持玉圭，引领他进入天门。门上有块红色的牌子，写着"神霄玉阙之门"。又经过一座小院，题为"玉枢院"，有位红衣官吏迎接徽宗进去，对他说：

"这里正是陛下您的故居！"

见了玉帝之后，玉帝传旨说：

"你应该要任用忠贤，摒去奸邪，以保社稷。"

徽宗从天门下来，走了百余步，看见一位道人，青衣青帽，跨青牛而上天，前呼后拥，威仪肃肃，他到了徽宗面前喊了一声"万岁"，然后驾青牛直上天门。

徽宗醒来之后，把梦中所见的全部仔细画了下来（宋徽宗是位有名的大画家），大观二年，他下诏寻求天下有道之士，茅山宗师推荐林灵素。徽宗问他：

"你有什么法术？"

灵素回答说：

"臣上知天界、中知人间、下知地府。去年中秋夜我曾觐见玉帝，在路上曾拜识陛下圣颜。"

徽宗若有所悟，说：

"朕想起来了，你所骑的青牛现在何处？"

灵素回答说：

"寄养在外国,不久可以献给陛下。"

徽宗非常欣赏灵素,时常宣他入宫,请他删订道史经藏。皇帝甚至奉他如师,特别建了神霄宫,宫成之日,皇帝领百官进宫游玩,他一时心血来潮,就吟了一句诗:

"宣德五门来万国。"

当时的权臣蔡京等沉吟了半天也接不上下联,不料林灵素应声就说:

"神霄一府总诸天。"

徽宗龙心大悦,从此对灵素更是另眼相看。

政和七年,高丽国进贡青牛,徽宗一见大喜,就把牛赐给林灵素。

重和元年,华山为了修筑三清殿,挖掘基石时发现一个匣子,匣中有金地茧纸的法书一册,呈进给皇帝。不料林灵素手边早有一份了,两相对照,一字不差,徽宗还是不服,就在半夜亲自写了一封上玉帝书,第二天一早,皇帝问灵素说:

"昨夜我上表给玉帝,不知他收到没有?"

林灵素不慌不忙地回答说:

"还没有,因为您的表中写错了一个字,我不敢就此上奏转达!"

说完,他就把皇帝私拟的表章从头到尾背诵一遍,居然铿锵有声,一字不差。徽宗不禁大为佩服,于是抚着灵素的背说:

"先生真不愧是神仙啊!"

因此赐号"金门羽客"。

有一次林灵素曾侍宴在太清楼下,看见元祐党人碑(见后注)低头就拜。皇帝很诧异就问他缘故,他说:

"这块碑上刻的都是天上星宿,臣怎敢不低头!"

林灵素平日所居，常严自封锁，纵使皇帝驾到也不请进。奸臣蔡京趁机向皇帝咬耳朵说：

"林灵素房中有黄罗帐、金龙床，桌椅都是朱红色，自奉犹如帝王，因此不敢让皇上看见！陛下不信可以亲自来个突击检查！"

徽宗半信半疑，于是幸临神霄宫，和蔡京一同闯入林灵素的内室，但是举目所见，只有粉壁明窗，桌椅两只，其他一无所有。蔡京一见不妙，赶忙伏地请罪，林灵素问其缘故，皇帝把一切都告诉了他。灵素笑笑，用手往壁上一指，立刻出现一座金楼玉殿、龙床罗帐，举凡御用的设备，可说应有尽有，只一点，这些设备都只有铜钱那么大。徽宗见状也爽然失笑，说：

"先生光凭游戏就比朕富贵得多了！"

过了几年，林灵素看见朝政日非，于是上疏皇帝，痛陈蔡京、童贯之恶，并劝皇帝要改过迁善，否则彗星示变，数不可逃。他并且与皇帝告别，离开宫廷，原先皇帝赏赐的三百担珍宝，也原封不动地锁在室中还给皇帝。

有一天他对弟子张如晦说：

"尘世不可久恋，何况大祸就要来临，我这就要走了，日后在神霄殿上再会吧！"

语毕，闭目端坐而逝。

林灵素去不久，金人果然南下牧马，掳走了徽、钦二帝，就是史上所称"靖康之变"。

后来宰相赵鼎曾为他作记说：

"先生的道行深远，不是博学之士所能洞悉。我过去还没有做官的时候，先生曾预言我会成为中兴的宰相，又劝我如果一旦遇到'春头木会'的贼人就该退休，否则还会和我相逢在潮阳古驿中。我初不以为意，后来真的做了宰相，因奏事而遭秦桧之害，被贬海南岛。路过潮阳时住在一家驿站里，看见一个少年，绣衣朱鞋，走入驿中，我定神一看，原来就是先生，他微笑地问我还记得当年的预言吗？我这才知道先生真是神仙！"

春头木会，春头就是"秦"字的上半部，木会合起来就是个"桧"字，事有前定，果其然乎？

在一般人的印象中，神仙总是逍遥物外，不问世事的，由林灵素的故事，可以推翻这个看法。道家并不是不讲忠孝仁爱，更不会不关心天下百姓，这一点和儒家并无二致。不过道家能站在一个更超然的立场，不执着于这些无常的世事而已。而他们通过深刻的修养所达到的精神境界，奥妙难测，也往往是一般儒生所不及的，特别是他们匪夷所思的奇行逸事，更是为中国文化增添了许多光彩和趣味。可以说，没有道家，中国历史将显得枯燥而阴郁，儒家总是对着我们皱眉，而道家却时时对我们微笑。

我常想，北宋前期的几位理学大师，如周敦颐、程明道、邵康节，特别是邵子，他们非常强调要"参究孔颜乐处"，要恢复孔教中的乐天精神，或许正是暗中受了道家的启示？邵雍的祖师就是陈抟、周程也都和道士有来往，因此有人说理学受道家影响大，而心学受禅宗启示深，这应该是不无道理的。严肃的儒家从北宋开始努力学着微笑了，在这种文化气氛之下，不但邵雍称他的住处为"安乐窝"，整天笑眯眯的，包括立身最慎重、最不苟言笑的司马光也称自己的住处为"独乐园"。此外，大文豪欧阳修、苏东坡都是很会笑的。这一片笑声直到靖康之变才告一段落，南宋文人在铁骑的威胁下，即使想笑，也是苦中作乐，强颜欢笑了。

道家的微笑不是别的，而是一种成熟的智慧，一种洞达天意人事之后的愉悦，深不可测，足以动人。它是了悟、是揶揄、是逍遥，却也带一丝难言的凄凉。

注：元祐党人碑，是北宋政争后，新党掌权，迫害旧党，将所有政敌的名字刻在石碑上，如苏东坡、司马光等。由于这些人都是在元祐年间（1086—1093）掌权任官的，所以又称"元祐党"。这块碑树立之后，明令告示碑上的人永不命官，而且禁止与官家通婚。碑上共有三百零九个元祐时代人物，以苏东坡为首，可以说是一张政治黑名单。石碑设在全国各处，有些至今还留存在山区里。由于王安石变法失败，天下大乱而亡于金人，因此新党大受诟病，人们反而越来越怀念这些碑上的贤臣。一百多年间，元祐党人的子女都为先人名列石碑而自豪。它成了忠良的象征而名垂青史，事实上这块碑上固然群英济济，但也不免有少数滥竽充数的庸流。林灵素拜石碑，拜的是它的象征意义，要用这种方式感悟皇帝，可说是很委婉的一种讽谏。

李鼻涕

李鼻涕是宋代绍圣初年的人。当时的名人刘延仲寓居在秀州，曾有个道人经过他的门口，路边有人向他求药，他就用鼻涕掺和着身上的垢腻捏成丸子，吃了立刻就好，因此大家都叫他"李鼻涕"。

刘延仲见他行径奇特，就请他进去坐坐，对他说：
"可惜今天没有酒可以招待你！"

道人笑着回答说：

"你床头上有一瓶珍珠泉酒，何不拿出来宴客呢？"

刘延仲大为惭愧，赶忙叫仆童取酒来。道人却说：

"不必客气了，只要拿空瓶子来就行了！"

道人跟刘延仲要了一张纸，盖在瓶子上，顷刻之间香气四溢，一瓶好酒已经摆在眼前。在座的人无不喝得酩酊大醉。

第二天刘延仲又请了别的客人来，想炫耀一下他的珍珠泉，没想到瓶里空空如也，连一滴酒都没有了。

俗语说：不可以貌取人，何况是得道高人。李鼻涕的故事在中国传说中可以说是一种典型，后来的济公也属同一类型。鼻涕药丸的寓意，也许是"化腐朽为神奇"的表现，而凡人自欺欺人，却逃不过真人的法眼。古人立教以诚，因为我们举心动念都逃不过道心、天心，这一点古人是深信不疑的。

王嚞

王嚞，号重阳子，咸阳人。他的母亲得异梦而生下他。他身材魁梧，相貌雄伟，二十岁中进士，才思敏捷，文采焕发。

阜昌初年，地方上闹饥荒，到了吃人的地步。王嚞家境富厚，被邻里抢劫一空。官兵抓到强盗来见王嚞，他却说："我不忍心置之死地，放了他们吧！"

有一天他遇见吕纯阳，吕仙授他修仙口诀，并且对他说：

"快到东海去，投奔谭捉马！"

话才说完，吕仙就消失不见了。

王嚞于是将妻女送到娘家，自己赶到东海去了。

王嚞落拓不羁，人家都喊他"王害风"。他常拿着铁罐乞食，行经蓝田、登州、昆仑之间。在他身边跟着马钰、谭玉、刘处玄、丘处机，都是他的弟子。

有一天他作诗和大家告别，端坐而逝，年五十八。马钰传他的教，和谭、刘、丘三人相继为宗盟，元代至元六年，朝廷追赠他为"重阳全真开元真君"，著有《韬光集》流传于世。

佛教中有沿门托钵之习，古代基督教也有乞食之风，道教也不例外，这是要破除学道者的贪心和骄心。在凡夫俗子眼中，哪里晓得这一群浩浩荡荡的"乞丐"，竟是得道高人、真理的见证和正法的维护者呢？

马钰

马钰是宁海人，他的妻子是孙仙姑。他初名叫从义，字宜甫，后来改名钰，号丹阳子。他母亲刚怀孕时，梦见麻姑赐丹一粒，吞下去就醒了。他出生在金太宗天会五年。

马钰儿时常爱朗诵乘云驾鹤的诗篇，当时有个道人叫李无梦，一见他就觉得器宇不凡，他对马钰说：

"你的额头突出如三山，手垂过膝，是大仙之相！"

有一天王重阳祖师从终南山来拜访他，说和他宿有仙缘。王重阳吃瓜先从瓜蒂吃起，马钰问他缘故，他说，这叫甘向苦中来。马钰又问他从何方来，他回答说：

"我不远千里而来，特地为扶醉人而来！"

马钰心下大悟，原来他过去曾作过一首诗，诗中有一句就是"醉中却有那人扶"。因此，马钰知道王重阳是有道之士，立刻拜他为师。

过去马钰曾经梦见一只鹤从地涌出，他就在那里建立一座南园，用以供奉重阳，并以"全真"作为庵名。不久重阳有意西游，而马钰无法放弃家业，重阳用各种方法来点化他。有一次他叫马钰把庵门反锁，每天只吃一顿，当时风雪从四面八方飘入庵中，然而重阳神形畅旺，如坐春风，并且还每天拿出梨和芋头，马钰看见这一幕，才下定决心，毅然把财产分给三个儿子，跟重阳一同到昆仑山烟霞洞去，而他的妻子孙仙姑则在家结庵修行。

这样过了二十年，有一天马钰对门人说：

"今天会有意想不到的好事发生！"

他一面说，一面情不自禁地手舞足蹈起来。不久空中传来仙乐，抬头看见孙仙姑正乘云而过。仙童玉女前呼后拥，威仪十分壮观。孙仙姑低下头来对马钰说：

"我先到蓬莱仙岛去等你了！"

那一天午夜，忽然风雨大作、雷电交加，马钰以臂枕头，安详而逝。他身后还留下一首诗说：

> 长年六十一，
> 在世无人识，
> 烈雷吼一声，
> 浩浩随风逸。

孙仙姑

孙仙姑，名不二，号清静散人，马钰的妻子，夫妻二人都是宁海人。她的母亲梦见白鹤入怀而生了她。

仙姑自幼聪慧仁慈，重阳祖师从终南山来，他们夫妇都对他敬若神明。有一天重阳大醉，竟睡在仙姑寝室，仙姑大怒，叫仆人把门反锁了。并且告诉马钰，马钰很惊讶，他说当时重阳正在跟他论道根本没有离开一步。两夫妇赶紧跑去一看，只见房间已空，而重阳正在另一间反锁的房中呼呼大睡。两夫妇从此对他更加敬重。

孙仙姑在洛阳六年成道，有一天她对弟子说要到瑶池去了，于是沐浴更衣，作了一首诗说："三千功满超三界，跳出阴阳包裹外。隐显纵横得自由，醉魂不复归宁海！"

写完之后，趺坐而化，香风远飘，经日不散。

谭处端

谭处端字通正，初名玉，号长真子，是宁海人。他天生骨相不凡，六岁那年失足落井，不但没死，居然安坐水上。又有一次家里闹火灾，屋梁折断落在床前，而处端正熟睡，家人叫醒他，他神情自若，毫不紧张。十岁时他作了一首咏葡萄的诗说："一朝行上青龙架，见者人人仰面看！"他为人非常孝顺，博学多才，尤其工于草书隶书。有一次他醉卧在雪中，受冻而麻痹，他只得默念《北斗经》以求痊愈。忽然有一夜他梦见一大张席子横空飞过，上面坐着各星的星君，他立刻倒头就拜，醒了之后，病状爽然已失，从此坚定了他学道之心。

金世宗大定七年，他听说王重阳祖师在马丹阳家，他立即跑去拜师，重阳对他也很赏识，就留他同住在庵里，当时天寒地冻，王重阳伸脚叫他抱着，才一会儿工夫，他竟热得汗如雨下，就如置身在火炉边。第二天王重阳又要他用洗手余水洗脸，不想他的脸疾顿时痊愈。后来他随王重阳赴昆仑山，有一天寄住在新乡府君庙，随后赶往卫州。新乡庙庙官温六，半夜忽见庵中灯火通明，他偷看之下，发现处端面对火独自坐着。温六向前礼拜，处端微笑不语慢慢走了出去。温六在庵中苦等处端，最后按捺不住，就跑出去寻找，找了半天却遍寻不获。他赶忙叫人到卫州去问，得来的消息却说，谭处端自从到了卫州，根本就没有外出一步。温六这才相信他是遇见了处端的阳神。

后来谭处端到磁州乞食，有个狂徒突然无故挥拳相向，打得他血流齿折，而他的神色却丝毫不变，只淡淡地说：

"我要感谢老师平日慈悲的教诲！"

当时王重阳在关中，听说这件事，就赞美他说：

"这一拳将处端平生的恶业都抵消了！"

不久他到了高唐县，大笔写了"龟蛇"二字，送给茶馆老板吴六。吴六将字挂在店里。过了几天邻舍失火，唯有吴六的茶馆没有殃及。因此大家都说他这两字等于是吕洞宾的避火符。

他东游到阳武，夜见北斗移位，转如车轮，他就对石孔说："这里不久会有大水灾。"到了那年果然黄河决堤。

谭处端最后也成了仙，他著有《水云前后集》流传于世。

唐广真

唐广真是严州人,她出嫁以后患了贫血,一夜梦见道人给她药吃,因而痊愈,从此她不再和先生同住,而远走他乡去学道。她拜何仙姑为师,宋淳熙年间她正在一个朋友家里吃饭,忽然有人在门外呼唤她,她出门一看,迎面走来三位仙人。他们引她到大海边,跨上一只大蛤蟆渡海而去。仙人问她说:

"你是要超凡入圣?还是留住世间?或者弃骨成仙?"

她回答说:

"我老母还在,愿能终身奉养她老人家!"

仙人于是教她留住世间,并且送她一粒仙丹,从此不进饮食,成为仙中的孝女。

丘处机

丘处机字通密,号长春子,登州人,自幼聪慧,年方十九就移居昆仑山。后来他听说王重阳住在宁海全真庵,立即前往拜师。不久王重阳仙逝,他与马钰、谭处端、刘长生四人护送师父遗体,安葬于终南山,并且庐墓三年多才离开。

金世宗对他非常礼遇,但是他生性淡泊,宁愿退隐终南山,世宗赐十万钱他也不受。元太祖曾向他问道,他回答说:

"人生四十岁以后,血气渐衰,应该修德保身,以颐养天年。"

他进一步劝皇帝节欲,不可倚赖药物,他说药比如草,精神比如髓,去髓添草,比如囊中藏金,以金换铁,久而久之,金子都用光了,所剩下的只是铁,这对身体有什么益处?倚赖药品是舍本逐末的愚行。

元太祖又问他治国之道，他回答说：

"为政之道，在于敬天爱民，清心寡欲。"

太祖听了龙心大悦，赏赐极厚，但都被丘处机辞谢了。

有一天丘处机手持一枝梨花送给张去华，张把花养在瓶中，到了秋天居然结实二十四枚。

又有一次延祥观的一株槐树枯了，丘处机以杖一击，口里念着："槐树复活！"这棵枯树果真重新茂盛起来，一直到明朝还欣欣向荣。

至元六年，东湖的水干了、北口山崩了，丘处机说：

"这是我要离开尘世的征兆吧！"

六月九日那天，他登上宝玄堂，口占一首小诗，就寂然坐化了。

丘处机享年八十岁，著有《磻溪鸣道集》流传于世。

"敬天爱民"，在现代看似乎有迷信之嫌，然而在过去，帝王拥有至高无上的权威，如果不是宗教信仰发挥一点制衡作用，则王权的行使恐怕更要肆无忌惮。如果有个高高在上、监临下土的天存在，让帝王多少有所顾忌，这实在是不得已的办法，但在当时，天意多少可以发挥一点制约力。往深处看，天就是普遍的意志、天下人的公意，是故敬天其实就是爱民，在封建制度的古代，这算是民本思想的表现了。

郝大通

郝大通，字太古，号恬然子，也是宁海人。幼年时代就死了父亲，他事母至孝，曾经梦见神人教他《周易》的奥义，从此精通阴阳五行、星相卜筮。王重阳到宁海时，很器重他，因而将他点化悟道。后来他在鼓山又遇见神人，教他《易经》，自此预言吉凶，无一不验。

郝大通有一次坐在赵州桥下，默然不语，有一群顽童因好奇而把砖石堆在他头上，堆成一座砖塔，并嘱咐他不要伤了砖块。郝大通丝毫不动，河水泛滥了他也不避开，就这样一直端坐了六年，头上的砖塔完好如初。

宝庆元年，他坐化于宁海先天观，享年七十三岁。道人有法术的很多，但像他那种定力倒并不多见。

訾旦

訾旦是陈留人，他的老师就是马钰和丘处机。他自号宁真子，人称訾仙翁。

他曾游历济南，并到过郑州的钓台。金泰和年间，天降大雪，深达丈余，訾旦足不出户，连续有十几天之久。大家都以为他一定死了，等冰雪化除之后，发现他端坐俨然，一点没有饥寒的样子。

贞祐年间，大兵破关隘，军民震恐，訾旦却说不妨事，后来果然如他所言。哀宗奔走到蔡州，问说为什么天下的城池都陷落了，唯独此城不摧。大家异口同声都说是因为訾旦住在城里。不久訾旦仙逝了，还没下葬，第二天城就被敌兵攻破了。

卖姜翁

卖姜翁的来历不明，只知道他曾在衡州市挑担卖姜，三十多年而容貌不衰。

有一天他在茶馆中遇见一位道人,那位道人对他说:

"我会炼金术,很想找个有德者传授给他!"

卖姜翁不声不响,慢慢从担头上拿了一块姜放在嘴里,不一会儿就吐出一块黄金。

道士见状,不觉一笑。他们联袂走出茶馆,从此再也看不见这两个人的踪影。

炼金术是古今中外所共同梦想,但是像卖姜翁这样轻松愉快的"炼金术"却极少见,能与之媲美的大概只有童话中下金蛋的鹅吧!知音难寻,卖姜翁能和道士相逢,也可以无憾了。

朱橘

朱橘字翠阳,淮西人。他的母亲梦中吞下一颗星星,光大如斗,因而有孕,怀胎十五个月还生不下来,因而整日愁眉不展。有一天门口来了个道士,手上捧着一个橘子说:

"吃下这个橘子,保你顺利生产!"

他的母亲很高兴,一口就吞了下去。然后她请教道人的大名,道人回答说:

"我叫鞠君子!"

话才说完就消失不见了。过了不到一个时辰,朱橘果然呱呱坠地,他的父亲因此就给他取名叫橘。

朱橘虽然别有慧根,但是功名路上却很不顺遂,他两次乡试都败下阵来,不觉有些心灰意冷。有一天他正愁闷地徘徊在池边,无意间瞥见池水中自己的影子,忽然心中有所了悟,从此厌弃功名而决心修道。

有一天他又遇见那位道人，道人手上还是捧着一个橘子，疯疯癫癫地且走且歌，他唱道：

　　橘子啊橘子，

　　没有人认识你啊，

　　唯有那个姓朱的人，

　　他了解你的究竟！

满街上的人都侧目走避，只有朱橘心有所感，他尾随道士到了郊外，深深地一拜说：

"您莫非就是鞠君子吧！"

道人问他说："你是谁呀？"

朱橘就把自己的姓名如实相告。

道人又问他说："你现在想要什么？或富或贵，任你选择！"

朱橘回答说：

"人生富贵，譬如海上水泡、空中微云，何足恋慕，只有神仙不死之道是我所向往的。"

道人看见时机已经成熟，当下就点化了他，并且告诫他，要他到皖公山筑室修炼，唯道是从。朱橘拜谢完毕，道人乘云冉冉而去。

朱橘遵照道人的话到了皖公山。后来有人入山看见一个小儿，洁白如玉，行如流星，才到庵前立刻不见。只见朱橘端坐在庵中。大家都说那个小儿就是他的分身。

有一天他对同乡陈大说：

"我今天要在县衙前站立而化，希望你用净土遮护在我的身上。"

陈大照他的话做了，在他仙逝之后用泥土封塑起来。某夜衙门里的小吏喝醉了酒，指着朱橘的泥像大骂，说那是假的，并且用鞭子重重抽打，只见泥巴一块块落下来，里面的人早已不知去向。这时大家才知道朱橘道行高深，他是用这种方式来警惕世人要看破无常。

王处一

王处一，宁海东牟人，号玉阳。母亲周氏怀他的时候，夜里梦见红霞绕身，惊醒过来就生了他。

他幼时在山中游戏，遇见一个老人坐在大石头上，对他说：

"往后你会扬名于朝廷，成为道教的宗主。"

大定八年，他在全真庵遇见重阳祖师，他和母亲一同拜重阳为师，修学道法，从此自称玄静散人。

有一次王处一独居在铁查山，王重阳和马钰则行于龙泉道上，当时烈日当空，王重阳所执的伞忽然腾空而去，过了一会儿那把伞竟落在王处一的庵前，伞上有祖师的题字。龙泉距离查山约有二百里远！

王处一平时隐居在云光洞，他常站在危崖边缘，翘足伫立，一站就是好几天，连动都不动，因此时人称他是"铁脚仙人"。

大定二十七年，元世宗召他入宫，章宗二年又请他到便殿问道。章宗为了试试他的道行，故意问些隐秘的事，而王处一有问必答，有答必中，章宗很惊讶就问他缘故，王处一回答说：

"明镜尚能照物，何况是天地鉴临，无所不察、无物可逃，而所谓天地明鉴,也就是自己灵妙的本心。"

章宗一听,大为叹服说:

"古人说'清明在躬,志气如神',真是先生的写照啊!"

第二年,元妃布施一藏道经,希望收藏在玉虚观里,而观的水洞前一块巨大的石头阻塞着去路,石头底下的地盘又有几道深深的裂纹,巨石摇摇欲坠,没有人敢从下面穿过去。工人们商议把大石凿开,然而敲打了好几天,才凿开百分之一。王处一看见这个情况不禁笑道:

"这不是人力所能为的!"

他说完拿起一把锤子,对着巨石轻轻敲了三下,而每一下都发出雷霆般的崩响,震动了整个山谷,那个巨石也应声粉碎,问题顺利地解决了,旁观者都看得目瞪口呆。

第二年四月间,他忽然对门人说,群仙要他赴约去了。于是沐浴更衣,冠带严整,焚香礼拜十方之后,泊然而逝。他著有《云光集》。

颜笔仙

颜笔仙是高邮人,年轻时很落魄,宋代宝庆初年,他在街头卖笔而遇见仙人。他每天卖出十支笔就收摊,当时有个官员来访他,问他能不能喝酒,他回答说能喝一斗,喝完之后作揖而去,把笔遗忘在船上。官员命令左右把笔拿去还他,好几个人用尽力气居然也举不起一支笔来。

他有时把笔送给朋友,剖开笔管,里面必有诗偈,预言这支笔何年何月将会折损,并且预言那人的吉凶祸福,无不应验。因此大家都叫他"笔仙"。

九十七岁那年,有一天他在庭中堆积了些稻草,放起一把火自己就跳了进去,在熊熊烈焰中大家看见笔仙乘着火云飘然而去。

莫月鼎

莫月鼎字起炎,本名洞一,是湖州人。他生得一表人才,仪容秀朗、肌肤如玉,目光炯炯,风度翩翩。他在青城山丈人观遇见徐无极,修学五雷法。又听说南丰有位邹铁壁,精通道法秘而不传,他就委身童仆,尽心侍奉,最后感动了邹铁壁,终于在死前将道法传给了他,从此月鼎自称雷师,能役使鬼怪,动静合道。他有时嬉笑怒骂,像有神灵在和他聊天一般。

元世祖曾召见他,当时天色晴朗,万里无云,皇帝说能否来点雷声呢?月鼎回答说毫无问题。他拿起胡桃往地下一摔,雷霆应声而发,震撼朝廷。元世祖不觉为之动容,于是又请他降雨,也如愿以偿。元世祖大乐,重赏他以金缯,月鼎把这些贵重的丝织品剪成一段一段的,分赠给贫寒百姓。

莫月鼎爱喝酒,几乎无日不醉,醉后就翻起白眼看天,随之就有阴风飕飕地从袖子里飞出。他曾和朋友在西湖泛舟饮酒,当时烈日如火,他的朋友请他借一片云来遮遮凉,月鼎笑着拾了一块果皮摆在酒杯里,顷刻间,有云从湖滨升起,冉冉地遮住了太阳。

有一次藩厘观的道士们中秋聚饮,正在杯觥交错之际忽觉有乌云遮住了月亮,久久不散,月鼎当时正寄居在观中,道士猜想是他动的手脚,赶紧请他也来赴宴,并且郑重向他道歉,莫月鼎用手轻轻一指，立刻月开云散，光华如洗。

七十三岁那年，月鼎端坐而逝，当时风雨大作，雷电交加，而他的脸色红润有光，宛如生前。

张三丰

张三丰是辽东懿州人，本名君宝，字玄玄，生有异相，龟形鹤骨，大耳圆目，身长七尺，须髯如剑。颈上梳一个髻，手持刀尺，平时只戴一顶斗笠，身披一件破衲，不分寒暑，不修边幅。因此大家都称他"张邋遢"。

张三丰行径很特别，动则日行千里，静则瞑目十天，每逢吃喝，升斗立尽，有时候却又数月不食，若无其事。

元代末年，他住在宝鸡金台观，不久就坐化在观中。他的好友杨轨山为他置办金棺，刚要入殓，张三丰居然复活了。

复活之后的张三丰到了四川，在太和山结庵修炼。庵前有古木五株，他逍遥树下，猛兽不敢侵犯，鸷鸟也不敢攻击，人们都惊为奇迹。

后来他又跑到武当山，对乡人说：

"这座山来日将扬名天下。"

二十三年后他拂袖而去，四处云游，永乐年间朝廷为他在武当山建宫留念。天顺年间又封他为"通微显化真人"，而张三丰确如封号所称，或隐或现，神出鬼没，不知所终。

张中

张中，字景和，临川人，少遇异人，教以太乙神数，能预言祸福、毫厘不爽。他平素头戴铁冠，因此号称"铁冠道人"。

当时朱元璋为了打天下驻军滁阳，召张中晋见。他对朱元璋说：

"如今天下大乱，若非命世之主，不易平定，依我看来，你可以大有作为！"

朱元璋问他缘故，他回答说：

"明公龙瞳凤目，相貌非常，贵不可言，等到神采焕发，如风扫云翳的时候也就是你登基称帝之日了！"

朱元璋非常欣赏他，就留他在营中任事，每次一齐出征，他都能观察气色来辨别吉凶。鄱湖之战，陈友谅已经中箭身亡，而两军都不知情，继续作战，张中望云气发现这件事，就上奏说：

"陈友谅已经死了，而他的部下并不知道，还在为他卖力苦战，你何不写一篇祭文，让死囚朗诵出来，则敌军士气一定动摇，而我军可以一举获胜！"

朱元璋如其所言地做了，陈友谅的部队果然崩溃。

徐武宁王在当将军的时候，张中对他说：

"你两颊鲜红，目光如火，官至极品，可惜只得中寿，不能长久！"

后来武宁王果然封王，富贵至极，却在五十四岁那年过世。

梁国公蓝玉曾带了酒去访张中，张中便服出迎，蓝玉不悦。因而戏弄他说：

"我有句话，请先生作个对子：脚穿芒履迎宾，足下无礼。"

张中立刻指着蓝玉所持的椰杯说：

"手执椰瓢作盏,尊前不忠!"

后来蓝玉以谋反被诛,证明了张中的预言。

张中在京城中住了好些年,有一天无缘无故地从大中桥投水而逝。皇帝下令找他的尸体,却遍寻不获。第二年潼关守卫上奏说,某月某日,铁冠道人策杖出关,一对日期,正好就是他投水的那一天。

一般而言,道人多属高蹈离俗之士,协助帝王打天下的应是特例。偶一为之,不过为了苍生少受些苦,而并非和帝王有什么私谊。明太祖日后的残暴酷虐,张中应有先见在心,但是在两权相害取其轻的原则下,似乎也没有更好的选择了。元代是全中国受苦,而明帝国只是官吏受罪,其他争霸者是否优于朱元璋呢!可惜我们不能起张中之死而问之。

周颠仙

周颠仙,姓名不详,他自称是南康建昌人,十四岁时得了疯病,在南昌行乞,前后三十多年,有一天忽然口发狂言,凡新官上任,他必前往拜见,并且对新官说:

"我来预告太平!"

当时元代承平日久,天下将乱,而周颠已看出汉人将要复兴的征兆。

明太祖朱元璋每次出巡,周颠一定向前遮拜,每次都要"告太平"。太祖很烦厌,下令赐烧酒灌他,而周颠狂饮也不醉,太祖就想杀他,周颠说:

"你能杀死我吗?水火金杖,对我如同无物!"

太祖一怒，下令把他扔进大缸里，底下烧起柴火，火熄之后，开缸一看，却只见周颠赫然犹存，晏然端坐，毫发未损。太祖命令加大火力，继续再烧，过了许久开缸再看，只见烟雾弥漫，周颠正在打盹，如同大梦初醒，还想睡个回笼觉似的，容光更焕发了。太祖无奈，只得让他寄居在蒋山寺中。他在蒋山寺每天都跟和尚有争执，过了一个多月，和尚们前来告状，说他行径古怪，老爱和沙弥争饭，已经有半个月没吃饭了。皇帝一听，立刻命驾前往探视，周颠出来晋见的时候，一点倦容饥色都没有，皇帝特别在翠微殿设盛宴款待他。

朱元璋攻打张士诚的时候，周颠也曾随军同行。当时张士诚已经称帝，朱元璋就问他如何是好，周颠仰视天空，久久若有所见，他摇摇手说：

"天上没有他的位子！"

朱元璋于是放心攻打，一举获胜。

后来周颠隐居到庐山去，下落不明。天下底定之后，明太祖亲自为文，并且刻碑立在庐山，借以纪念这位特立独行的怪人。

明太祖和周颠的故事使我们联想到曹操和左慈，古代帝王常是雄猜之主，对于学问和道术都忌讳很深。遇到这种情况。儒家的做法是杀生尸谏，而道家则是游戏点化，用种种不可思议的法术让帝王感悟"敬天爱民"的道理。而不论儒道，基本上都要建立起"道比势尊"的观念，用以约束王权，这也是当时政治制度下的一种权宜之计吧！

冷谦

冷谦字启敬，洪武初年，曾任协律郎（古代掌理朝廷音乐的官职），许多郊庙乐章，都是他所撰写的。

他有个朋友，穷到不能自活，就跑来求冷谦救济。冷谦很同情他，就对他说：

"我指点你一个地方，你到那里去，千万不要贪求无餍！"

说完，他在墙壁上画了一扇门，门边有一只鹤在守着。他叫那个朋友敲门，门忽然自动打开，他的朋友不觉移步走了进去。抬头一看，金银财宝灿烂夺目，这位朋友忘了冷谦的话，不顾一切地拼命拿，迷乱中把自己的名片给遗落了。过了几天，宫中金库发现少了一批财物，守藏史在库中捡到那张名片，就记下姓名，把冷谦那位朋友抓去了。在审讯中，冷谦也被供了出来，因此连同冷谦也一并治了死罪。当他被刽子手押解出城门的时候，冷谦对他说：

"我就要没命了，可否给我一点水解解渴？"

刽子手给了他一瓶水，冷谦一面喝一面把脚插入瓶中，说也奇怪，他的身体居然渐渐缩进了水瓶。刽子手一见大惊，就大叫说：

"你不出来，我们这些喽啰都要没命了！"

冷谦回答说：

"不要紧张，你只要拿着瓶子到皇帝御前就没事。"

刽子手照他的话去晋见皇帝。皇帝凡有问话，瓶中立即回答出来。皇帝说：

"你快出来见我，我不杀你！"

冷谦回答说：

"臣有罪,不敢出来!"

皇帝一怒之下把瓶子打得粉碎,没想到每一块碎片都有冷谦的声音在回话说:"臣有罪,不敢出来!"声音回荡四壁,但就是看不见他的人。

后来有人在四川看见他,据说是成仙了。

翟天师

翟天师,名乾佑,峡中人。身长六尺,手大尺余,睡觉时不用枕头,晚年能做预言。他有一次到夔州城去,大声喊说:

"今晚将有八人来访,大家各自保重!"

城里没人懂他的话,不料当晚发生大火,烧了好几百家,大家才悟到他称的"八人"就是"火"字。

翟天师每次入山,身后都有一群老虎跟着。他曾在江岸和几十个弟子一同赏月,有弟子问他月中都有些什么,翟天师微笑着说:"你们看吧!"

他用手一指,弟子两人看见月在半天,里面有琼楼玉宇,灿烂光华,过了一会儿又消失不见。

八仙的故事

一、铁拐李

铁拐先生本姓李,他身材本来很魁梧,早年得道后,一直住在岩穴中。李老君和宛丘先生(古代的两位仙人)曾降临在他住的山上，教给他最高深的道法。

有一天，铁拐先生要到华山去赴老君的约会，临行前他嘱咐徒弟说：

"我把躯壳留在这里，你好好守着，我的魂魄要出去赴老君的约会，如果七天之后我还没有回来，你就把这躯壳扔进炉里烧了吧！"

他走了以后，徒弟忽然接到母亲病重的消息，他情急之下，才六天就把先生的躯壳给焚化了，而自己跑回家去。偏偏第七天先生回来了，他到处找不到自己的躯壳，游魂无依。只好随便找了一具刚下葬的尸体充门面，不料这具尸体竟是个跛子，从此李先生只好支着一根拐杖，颠颠跌跌地出没在人间。

二、钟离权

钟离权是燕台人，后来改名为觉，字寂道，号王阳子，又号云房先生。他的父亲曾在汉朝为官，功名显赫，并且被封为侯。

钟离权诞生时，异光照室，状如烈火，左右侍卫都相顾失色。他的头圆额广，耳厚肩长，目深鼻耸，口方颊大，唇脸鲜红如丹，两臂长过凡人。他出生以后，不哭不闹，也不饮食，到了第七天，才忽然跳起来说：

"我要到仙人住的紫府和玉京去玩！"

长大以后，他在朝廷里做官，升到大将军之职。有一次出征吐蕃失利，他单骑逃入山谷，不觉迷了路。半夜里他遇见一位胡僧蓬头垢面，身披破衲，引他走了好几里路，最后看见一座庄园。胡僧对他说：

"这就是东华先生的成道地，将军可以在此歇息！"

说完作揖而去。钟离权不敢惊动庄中人，只好徘徊瞻顾，隔了好久才听见有人说：

"这一定是那个碧眼人多嘴了！"

有个老人披着白鹿裘，扶着青藜杖，大声问他：

"你不是汉朝大将军钟离权吗？何不住在山僧的房里呢？"

钟离权一听大惊，心知这是个异人，当时他刚刚才脱离虎狼之穴，因此颇有出世之意。他立刻向老人哀求传授道法，老人教给他"长真诀"以及其他许多仙术。钟离权告辞出门之后，再回顾那座庄园，转瞬间已经消失不见。

后来钟离权又遇到华阳真人，传授他更深的道法。仙人王玄甫也教给他长生的秘诀。从此钟离权云游四方，足迹遍及山东、崆峒等地，最后又在四皓峰得到最高的道法，终于修成真仙。

由于钟离权是汉朝时候人，因此后世也称他为"汉钟离"。

三、张果老

张果老本名张果，他是唐朝时候的人，隐居在恒州中条山，时常往来于汾晋之间，是个长生不死的有道之士。他常骑着一匹白驴，日行万里，休息的时候，就把驴子叠起来，薄薄的像一张纸，放在箱子里。要骑的时候，就用水一喷，立刻又变回驴子。

唐太宗唐高宗都曾召他做官，但却被他婉拒了。武则天又找他，他就装死，当时烈日当空，不多久尸体就腐烂生虫了。于是武则天才相信他是真的死了。

后来有人看见他在桓州山中漫游。开元二十三年，唐明皇派裴晤到桓州去迎他入宫，张果就在裴晤面前当场气绝而死。裴晤只好焚香礼拜，对他说明天子求贤的诚意。过了一会儿，张果才慢慢苏醒过来。裴晤不敢逼他上路，只好回朝请示圣旨。皇帝于是又派了中书舍人徐峤和通事舍人卢重玄,亲自捧了盖有玉玺的圣旨来迎接张果。到了东都以后,明皇安排他在集贤院里,优礼有加,公卿名流都前往拜会。

明皇不时向他询问神仙的事,张果总是沉默不答。他善于养气,可以几天不吃饭而只喝一点酒。皇上赐酒给他,他却拒绝说:

"小臣饮不过二升而已,我有个弟子倒能喝下一斗。"

明皇听了大为高兴,立刻召见那位弟子。不久看见一个小道士从殿檐飞下来,十五六岁,姿容俊美,举止闲雅,应对之间,言辞清爽,礼数周到。明皇命他陪坐,张果说:

"弟子应该站着服侍明皇!"

明皇一听更加高兴,就赐酒给这位小道士喝,喝到一斗的时候,小道士果然辞谢说:

"不能再喝了,过度必有所失,只愿皇上一笑我就满足了。"

明皇再三逼他喝,结果把小道士给灌醉了,只见酒从他头顶上涌出,把帽子都冲落在地上,刹那间化成金杯,皇帝和嫔妃都大惊失色。再一定神,小道士已不知去向。只有那只金杯留在地上,大家仔细一看,原来竟是集贤院中的杯子,容量只能盛一斗酒的量。

张果曾说他生在尧的时代,然而他的容貌却只像六七十岁的人。当时邢和璞擅长推算年龄,明皇就命他推算张果的寿命。那和璞费尽力气算了半天,也算不出张果究竟能活多少岁。

有一次皇帝对高力士说:

"我听说喝堇酒而不以为苦的是奇士,有这回事吗?"

当时气候严寒,明皇就赐堇酒给张果喝,酒过三巡,他就颓然告醉说:"这酒不好!"说完就回去睡觉,等醒来时牙齿都已焦缩，旁人用如意一敲就掉了下来，于是把他的牙齿藏在袋中作为药材。过了不久他的嘴里居然长出满口新牙，粲然如玉，光彩照人。

明皇曾在咸阳射到一只大鹿，命令下属把它烹了，张果却说：

"这是一只仙鹿，已经有一千岁了，过去汉武帝元狩五年，我曾在上林苑捕获此鹿。但武帝把它放了！"

明皇问张果说：

"天下的鹿太多了，时代久远，怎能长存呢？"

张果回答说：

"武帝放它的时候，曾系了一块铜牌为记，在鹿的左角上面。"

明皇立刻派人检查，果然找到一块二寸长的铜牌，上面的文字已经漫漶了。明皇说：

"元狩到现在有多少年了？"

张果说：

"一共有八百五十二年了！"

明皇命令太史查考历表，果然一年不差。

有一次唐明皇问叶法善说：

"张果到底是什么人？"

叶法善说他知道，但他不敢说，因为一说就会死，除非皇上能脱冠赤脚救他，他才敢说，明皇答应了。法善这才说，原来张果是混沌初开时的一只白蝙蝠精。叶法善话还没说完，立即七窍流血，僵卧在地。明皇见状大惊，赶紧脱了鞋帽，自称有罪，请张果原谅。张果慢吞吞地说：

"这小孩儿太多嘴，不罚罚他只怕他会泄露天机！"

明皇再三哀求，久久张果才用水喷叶法善的脸，把他救活，从此明皇对他更加礼敬，特别为他画像在集贤院里，并赐号"通玄先生"。

张果天性淡泊，不耐宫中岁月，屡次要求退隐山林。皇帝留不住他，只好赐他三百匹绢，随从弟子两人，用轿子送他到桓州。弟子一个放回，一个随他入山。

天宝初年，唐明皇再度召张果入宫，张果一听见消息当场就死了，弟子埋葬他的时候，竟发现棺材是空的。明皇知道这件事后，就建立了栖霞观来纪念他。

四、吕洞宾

吕洞宾，本名岩，唐蒲州永乐县人，他的祖父吕渭曾任礼部侍郎，父亲吕让也当过海州刺史。贞元十三年四月十四日巳时，吕洞宾生，因此号为纯阳子。他母亲在生他以前，某夜就寝时忽然满室异香，天乐浮空，一只白鹤从天而降，飞入帐中就不见了。吕洞宾天生仙风道骨，鹤顶象背，虎体龙腮，凤眼朝天，双眉入鬓。他的颈比较修长，两颊略高，天庭饱满，鼻梁高挺。左眉角有一颗星痣，脚底下有纹如龟。自幼聪慧过人，每天能背诵万言，出口成章，身长八尺二寸，喜欢戴一顶华阳巾，穿黄襴衫，腰间系一条长带子，样子很像汉代的张良。

他年过二十还不婚娶。还在襁褓的时候，马祖曾经见过他，说他骨相不凡，定是世外高人，又对他说：

"将来遇庐就居，见钟则扣，不要忘记！"

后来吕洞宾游庐山，遇见火龙真人，传授给他天遁剑法。唐会昌年间，他两次考进士都落第了。时年六十四岁，他在长安酒楼，看见一位道士穿着青巾白袍，并且在壁上题了三首诗。吕洞宾惊讶于他的状貌奇古，诗意飘逸，因而作揖请问姓氏，道士说：

"你何不题一首诗，来表示你的志向呢？"

吕洞宾拿起笔就写了一首七言绝句，意思是说，他不愿在世上争名夺利，只希望能得道成仙。道士一看很高兴，就说：

"我是云房先生，住在终南山鹤岭，你愿跟随我吗？"

吕洞宾一时不能决定，云房就和他同在茶楼上休息。云房亲自做饭，吕洞宾忽然倒在枕上昏睡过去。他梦见赴京赶考，中了状元，从郎署直升到翰苑秘阁，历任各项要职，娶了富贵千金，生子若干，也都男婚女嫁，儿孙绕膝，一家显贵。这样经过四十年，也做了十年宰相，权势盛极一时，偶然因事问罪，惨遭抄家，妻子分散，流贬岭南，孑然一身，穷苦憔悴。他正立马在风雪中，叹息感慨，忽然就醒了过来，而云房先生煮的米还没有熟呢。云房向他笑笑说：

"米还没煮熟，你一梦已经到了华胥国了！"

吕洞宾吃惊地说：

"先生竟然知道我的梦呀！"

云房笑道：

"你刚才那一梦，升沉万变，荣枯千端，五十年间不过才一转瞬而已，不值得高兴，更何足感伤！世间有大觉悟的人，然后才能看穿人世的大梦啊！"

吕洞宾因而感悟，就拜云房为师，向他学道。云房故意试探他说：

"你的骨节还没有长好，想求出世，还得好几世才可能！"

说完翩然离去。吕洞宾从此丢弃儒冠，隐居起来。云房趁机对他做了十次试探：

第一试：

吕洞宾从远地回家，忽见家人都病死了，但是他心里毫无悔恨，只管买回棺材，准备治丧。须臾间死者都又复活了。

第二试：

吕洞宾在城里卖货，有个顾客只付给他一半的钱，吕洞宾也不跟他争执，那个顾客把东西放在原处就走了。

第三试：

吕洞宾元旦出门，遇见乞丐倚门乞讨，洞宾给了他不少钱，但那乞丐贪求无餍，并且还恶言相向，洞宾笑笑，毫不以为忤。

第四试：

吕洞宾在山上牧羊，遇见一头饿虎，追逐群羊，洞宾为了保护小羊，以身体当屏风，老虎掉头就走了。

第五试：

吕洞宾住在山里，正在草屋里念书，有个十七八岁的美女，自称迷路想来借住，接着又百般调戏，夜里还逼他同睡，洞宾不为所动，这样接连三天，女郎知难而退。

第六试：

吕洞宾有一天到郊外去，回家后发现被偷盗一空，连每天的生活都发生问题了，洞宾毫不生气，亲自下田耕地，忽然锄出十片金牌，他立刻用土埋了，一无所取。

第七试：

吕洞宾遇见卖铜器的贩子，买了一件，回家之后，发现竟是金子做的，他立即找到卖主归还给他。

第八试：

有个疯道士在城里卖药，自称吃了就死，再世就会得道，十天之久都卖不出去，洞宾买了他的药，道士就叫他赶快准备办理后事。但他吃了以后，一点没事。

第九试：

春天的时候大水泛滥，吕洞宾跟众人一起涉水而过，船走到一半，风浪大作，众人个个大惊失色，唯有洞宾端坐不动。

第十试：

吕洞宾独坐在一个房间里，忽然看见无数奇形怪状的鬼魅，张牙舞爪要来杀害他，洞宾毫不畏惧。又有夜叉几十个，抓着一个死囚，血肉淋漓，哭着说："你前世杀我，今天还我命来。"吕洞宾说："杀人偿命，理当如此。"说完举刀自尽，忽然听见空中一声喊叫，鬼神都不见了。有个人拍手大笑跳了下来，原来就是云房先生，他对洞宾说：

"我连续试你十次，你都毫不动心，由此看来，你一定可以得道了！然而你的功德不足，还得立三千功、八百德才能圆满，到时候我自然会来接你出世！"

说完他就教吕洞宾点金术，要他用这个法术来济世救人，以尽快使功德圆满。吕洞宾想了一下就问他说：

"由点金术变成的金子，会不会再恢复原来瓦石的本质呢？"

云房先生回答说：

"会的，不过那是三千年后的事。"

吕洞宾不禁面带忧色说：

"这岂不误了三千年后的人了吗？我不愿用这种方法来圆满功德！"

云房先生笑道：

"就凭你这一点仁心，三千八百功都在这里面了！"

于是他带洞宾到了鹤岭，把所有的道术都教给了他。吕洞宾专心一意，苦修十年。有一天从天上来了两位仙人，他们捧着金符对云房先生说：

"上帝诏你为九天金仙，即刻上任！"

云房先生就对吕洞宾说：

"我要去拜谒上帝了，你住在人间，修功立德，他日也会和我一样蒙帝宠召，上天成仙！"

吕洞宾对云房先生深深一拜，然后说：

"我的志向和先生不同，必须度尽天下众生，然后才能放心上天。"

于是云房先生乘云冉冉而去，他站在云端一边还向洞宾频频点头表示嘉许。

吕洞宾学会了云房的道术，以及火龙真人的剑法，他开始漫游江淮，除妖显化四百多年，踪迹时常出没在两湖两浙之间，但是始终没有人认出他是何人，他自称只有"道人"二字。

宋徽宗政和二年，宫中有鬼怪白日现形，盗取金宝和妃嫔。徽宗虔诚祈祷了六十天，有一日午睡间梦见东华门外有位道士，头戴碧莲冠，身披紫鹤氅，手持水晶如意，对皇帝作揖说：

"我奉上帝之命来捉拿这个妖怪！"

道士举手招来一名金甲勇士，顷刻间把妖怪抓住并且一口吞了下去。皇帝问那位勇士是什么人，道士说：

"他就是陛下所封崇宁真君关羽。"

皇帝非常高兴，又问张飞而今何在。关羽说：

"张飞如今已经降生在相州岳家了！"

皇帝再问道士姓名，他只说自己姓吕，生于四月十四日。皇帝梦醒之后一一记录下来，终于想到他就是吕洞宾。从此宫中平安无事，徽宗为了感激，下诏全国有吕洞宾香火的地方，都一律改称妙通真人。

吕洞宾神通广大，潜行人间，时时显灵，所行的功德遍于各地，因此民间关于他的传说也特别多。他也时常在经过的地方留下诗词碑文之类的文字流传于世。

后来岳飞的父亲果然梦见张飞来托生，所以就以飞字为他命名。

五、蓝采和

蓝采和，他的来历不详。传说他常穿着破衣服，腰间系着三寸长的黑木腰带，一脚穿靴，一脚赤裸，夏天在衣服里塞满棉絮，冬天则躺在雪地上，呼气如雾，大汗淋漓。

他常在城里手持三尺大板，醉醺醺地唱歌，老人小孩都被他的歌声吸引。他似狂非狂，歌词随口编成，都充满仙意，高深莫测。一有了钱，他就用绳索串起来，拖在地上行走，就是散失了也不在意。有时他把钱救济贫穷，身上不留分文，却能云游四方，浪荡逍遥。

有人自儿时就见到他，等到老了再见他时，他还是一张娃娃脸，毫无改变。

有一次他在濠梁酒楼上喝酒，忽然听见有笙箫的声音从天上飘来，他立刻腾空而起，跨上一只白鹤，盘旋而去。他从空中扔下靴子衣衫和腰带拍板，盘旋一阵就飞远了，那些衣物不久也都不见了。

六、何仙姑

何仙姑是广州增城县人，她生来顶上有六根灿烂的金毛，唐武则天时住在云母溪，十四五岁的时候，梦见神人教她吃云母粉，可以轻身不死。由于这个梦记得十分清楚，她就照着吃了，从此立誓不嫁，经常来往山谷之间，行步如飞，早上出去，傍晚带了山果回来，奉养母亲。

后来她渐渐开始断食，不近人间烟火，讲出话来也高深莫测。武则天派人请她入宫，走到半路她就不见了。

唐中宗景龙年间，有人看见她白日升天。天宝九年，她又出现在麻姑坛上，有五色云随身缭绕。大历年间她又现身于广州小石楼，刺史高翚曾上表详述她的事迹。

她是八仙中唯一的女仙。

七、韩湘子

韩湘子，字清夫，是大文豪韩愈的侄孙。他年轻时放荡不羁，有一次遇到纯阳先生，就和他同游，并且学道。

韩愈看他整天不务正业，就勉励他要努力向学，没想到韩湘子竟回答他说他的志向和韩愈不同。韩愈听了很不高兴，于是叫他作诗以自白。韩湘子拿起笔来，一挥而就，诗中全是学仙的话，韩愈看了就问他，你能通变化吗？韩湘子立刻为他变出好酒，并且从酒瓶中开出一株绿色的牡丹花，花瓣上还有一副对联："云横秦岭家何在，雪拥蓝关马不前。"韩愈读了完全不能理解，韩湘子说日后他自然就会明白。

过了没多久，韩愈因为上表反对迎佛舍利子入宫触怒了皇帝，竟被贬到遥远的潮州。他在上任的途中遇到大雪，正徘徊间，忽然看见有个人冒着雪跑来，走近一看居然是韩湘子。韩湘子对他说：

"你还记得花瓣上的句子吗？"

韩愈若有所悟，就问这是什么地方。韩湘子告诉他，原来这里就是蓝关，多年前的预言果真应验了！为此韩愈感慨得不得了，他还特别用这两个句子作成一首七言律诗。

叔侄两人在驿馆里谈了一夜。韩湘子安慰叔叔说不久就会回京，不但无恙，而且还会升官。韩愈问他还有没有见面的机会，韩湘子凄然答说，这就不可知了。

仙凡异途，韩湘子已经跳出红尘！加入吕洞宾、蓝采和他们不朽的行列里去了，除非韩愈成仙，否则哪能再见得到他呢？

八、曹国舅

曹国舅是宋朝曹太后的弟弟。他因为自己的弟弟常常仗势欺人，为非作歹，痛心之余，就隐居到山林里去，专心修道。后来他遇见钟离权和吕洞宾，吕洞宾问他说：

"听说你在修道，你所修的道在哪里呢？"

曹国舅用手指了指天。吕洞宾又问：

"天在哪里呢？"

曹国舅立刻又指了指自己的心。钟离权笑着说：

"心就是天，天就是道，你已经认出本来面目啦！"

于是三人相视而笑，互相携手云游四海去了，也就因这份因缘，八仙成为中国民间最出名的神仙，他们的故事最多也流传最广，"八仙过海，各显其能"尤其为世称道。

五岳大帝

五岳是我国象征方位的五座名山：东岳泰山、南岳衡山、西岳华山、北岳恒山、中岳嵩山，而五岳大帝就是掌理这五座山的神,在古代上自天子下至百姓对他们都崇信有加,现在台湾地区的台北市、台南市以及新竹、苗栗等地方也还有五岳庙供人奉祀,香火不绝。

东岳大帝又称"东岳泰山天齐仁圣大帝",简称"天齐王"或"东岳泰山神""泰山府君"。据说在上古时代,就已经有上泰山祭天地的礼俗。比如在《神异典》中曾记载太昊伏羲、炎帝神农、黄帝有熊、帝尧帝舜等这些圣王封泰山的事,以后各代帝王也都行礼如仪,泰山封禅成为国家的大事。

汉唐以来,对"东岳大帝"的祭祀从未间断,渐渐地它成为民间的一种信仰。在传说中,凡人死后魂魄就回到泰山,古诗《怨诗行》中说"人间乐未央,忽然归东岳",指的就是这件事。因此民间相信,东岳大帝能召人魂魄,执掌人的寿命,主宰生死报应、赏罚善恶,犹如阴间的判官。所以一般人对东岳都心存敬畏。

东岳大帝的诞辰是十月初一。

南岳大帝又称"南岳衡山司天始圣大帝",大帝名叫崇黑虎,诞辰为十二月十六日。早在陶唐氏就已存在,帝尧帝舜都曾主祭,历代帝王都有祭典。他掌管世界星象分野兼水族鱼龙的事务。

西岳大帝又称"西岳华山金天顺圣大帝"。大帝名蒋雄,诞辰是十一月初六。根据记载,黄帝曾亲封华山,尧舜也曾献祭,历代帝王无不崇祀。大帝的名字还有几种不同的说法,有的说他姓浩名墦,或说他叫善垒,莫衷一是。

北岳大帝又称"北岳恒山安天玄圣大帝",大帝名崔英,诞辰为八月初十。从陶唐、尧舜等历代帝王一律奉祀。北岳大帝的名字也有好几种不同的说法,如澄濟渟、晨崿、伏通萌,到底谁对，无法考辨。

中岳大帝又称"中岳嵩山中天崇圣大帝"，大帝名闻聘，诞辰三月十八。从黄帝开始有封，历代帝王奉祀不绝。大帝的名字也有多种传说，如寿逸群、角普生等。

关于五岳大帝的资料可以参考《神异典》《文献通考》《通典》《日知录》《龙鱼河图》《氏族博考》《五岳真形图》《真灵位业图》等书。

文昌帝君

文昌帝君又称"梓潼帝君"，简称"梓潼君""文昌君"。

文昌帝君的生平有许多不同的说法，据《陔余丛考》的说法是：文昌君本来是黄帝的儿子，名挥，善于造弦张网，因而以张为姓，周时为山阴张氏的儿子，他精通医术，曾辅佐周公。死后托生在张无忌家，是个遗腹子，《诗经》里称"张仲孝友"就是指他而言。他因上疏直谏被幽王毒死、魂游雪山，治蜀有功。不久他又托生为汉高祖的儿子赵王如意，后来被吕后所杀，冤魂化成一条蛇，当时吕后也已转世为邛池令，他为了报仇，借海水作雨，把邛池县整个淹没，由于杀生太多，被罚为邛池龙，全身都是热沙小虫，日夜咬啮，痛苦难堪。后来遇文殊菩萨皈依才得解脱。此后在赵国托生为张勋、汉顺帝时为孝仲、西晋时为越巂张氏，七十三岁，在石穴中悟道，于是化身改形到咸阳见姚苌，随姚苌到了四川，天神对姚苌说："秦无主，你该回去。"姚苌后来为他在四川立祠，也称张相公庙。上天因为他累世为儒，留心于经典，特命他掌天曹桂籍，凡是天下学生应考做官的功名之事都由他来掌管。

还有一个说法，说他生于晋，姓张名亚子，本是越人，后来入蜀，住在梓潼县。他为人俊雅潇洒，文采斐然，成为四川的一代宗师。他感慨人生无常，喜与僧人来往，他的学生在他死后为他建祠，题为"文昌君"。唐玄宗到四川避难时，他曾显灵护驾，平乱之后，诏封晋王，后人加称帝，他特别受到天下学子文人的崇奉。

关圣帝君

关圣帝君，一般人尊称为关公。他本姓关名羽字云长，是河东解县常平村人，生于东汉桓帝永寿二年五月十三日。他自幼秉承家学，最爱读《易经》和《春秋》，因此培养出一股忠义之气。他生来容貌伟岸，威武逼人，令人见之肃然起敬，《三国演义》里描写他是"身长九尺，髯长二尺，面如重枣，唇若涂脂，丹凤眼，卧蚕眉，相貌堂堂，威风凛凛"。

灵帝建宁二年，他亡命到涿郡，和刘备、张飞三人在桃园结义，拜为异姓兄弟，这就是很有名的"桃园三结义"的故事，他们三人希望同心协力、救困扶危，上报国家、下安百姓。因此他们所作所为，都是大义凛然，令人起敬。关公协助刘备建立蜀国，和魏、吴形成三国鼎立的局面，因此史称"三国时代"。

关公曾为曹操威迫利诱，但他操守坚定、绝不变节，他的勇猛更是闻名遐迩，比如过五关斩六将、单刀赴会、水淹七军、智取黄忠、刮骨疗毒等都是脍炙人口的故事。他辅佐刘备灭黄巾、破曹军、定西蜀、督荆州，大仁大勇大智为一时之冠，而忠义大节，尤其万世流芳。由于他们在桃园结义，宣誓"不求同年同月同日生，但愿同年同月同日死"的这份精诚，影响后人，造成结拜的风气，在社会上产生很大的影响。

关公后来为奸人所害，败走麦城，献帝建安二十四年十二月七日，死于湖北当阳。

关公的庙通称武庙，用来和孔子文庙对称。这一传统从唐代开始，历宋元明清各代不衰，台湾地区拜关公从郑成功开始，现在台南的关帝庙，就是郑成功所建。从明清至今，台湾地区关庙有三百五十多座，但台湾与大陆略有不同的是，以五月十三日为关公诞辰。

关公不但是一般人心目中的英雄和神明，商人也奉他为保护神，或称财神。因此很多商家店铺中，都供有关公的神位。

历代帝王对关公都有敕封，用以表彰他护国佑民的功德，蜀后主建兴七年追谥壮缪侯、隋封忠惠公、唐封伽蓝神、宋封忠惠王、武安王，元封武安英济王、辅正利济昭忠侯、明封三界伏魔大帝、神威远震天尊、关圣帝君、真元显应昭明翊汉天尊、清封忠义神武关圣大帝、雍正封他公爵、乾隆封他山西夫子、嘉庆封他灵佑，道光封他忠义神武灵佑仁勇威显关圣大帝。自古封号之多，恐怕无过于关圣帝君了。唐朝以后，历代帝王都奉他为武人的典范、入祀武庙，并敕令全国府县春秋致祭，香火鼎盛。

由于关帝威名太盛，天下景仰，不知何时起，宗教界也请他参与支持。道教固然对他崇奉有加，后来佛教也称他是现任的护法。小说中还说镇守南天门的就是他。关公信佛之说见于《三国演义》，他死后忠魂在玉泉山受了普静长老的点化皈依向佛，此事是否属实就无法查考了，至于南天门谁也没去过，当然更难说了。

保生大帝

保生大帝，台湾称为"吴真人""吴真君""大道公""花轿公"等，虽然称呼不一，却都承认他是位医术高明的神医，人人敬奉，医生和药商尤其虔诚。

保生大帝姓吴名本，字华基，别号云东。也有一说姓吴名猛，字世云。保生大帝在宋太平兴国四年三月十五日生于福建省泉州府同安县白礁村，他自幼资质过人，博览群书，天文地理、礼乐刑政无不心领神会、过目成诵，对于医道，更有研究。据说他曾游昆仑见王母，留宿七日，学会了神方济世、驱魔逐邪各种法术，后来他退隐修道、终身不娶。得道后他四处行医，治病如神，甚至可以起死回生，驱雷击魔，博施济众，救人无数，在他退隐期间，许多人闻风而来向他学习医道，像黄医官、程真人、鄞仙姑等，都是他的弟子。所以他不但行医济世，并且弟子满天下，俨然成为一代医术大宗师，他又著有医书传世，内外科计有十三册之多。传说景佑三年五月，他修炼成功，初二午时，偕同父母、姐妹、书童等一同骑鹤上天，时年五十八岁，远近乡里，都列案相送，并且为他立祠。

康熙三十八年，台湾地区瘟疫猖獗，医者束手，漳泉移民渡海请来大帝灵身，供于南郡，瘟疫自此绝迹，从此保生大帝的庙宇遍于全岛，至今已有一百六十多座，台北市大龙峒的保安宫最负盛名。

清水祖师

清水祖师，又称"麻章上人"，闽南多称之为"乌面祖师"，台湾民间则通称为"祖师公"。

清水祖师俗姓陈，名应，法名普足，宋仁宗庆历四年正月初六日诞生于福建省永春县小姑乡。自幼出家，最初在大云院，随后独自前往高泰山，结庐修道，戒律森严。他自觉独学无师，难成大道，就到大静山拜师明松禅师，三年参学，终于悟道，他回高泰山前，明松禅师告诫他要行仁济世，从此他就遵照师旨，施医济药，普度贫病。

神宗元丰六年，清溪（福建省安溪县）地方闹旱灾，乡人听说他道行高深，就请他去祈雨。不久天降甘霖，雨水充足，解除了地方的旱象。乡人就请他长住在蓬莱山，特地为他建立精舍来供养他。他看见门前泉水清冽，就命名精舍为"清水岩"，他在清水岩修行十九年。十九年中，他独自募化，修桥补路，广结善缘，当时漳州汀州一带的人都很崇仰他，常常找他祈福消灾。宋徽宗建中靖国九年五月十三日，他一早就嘱咐后事，然后说偈端坐而逝，享年六十五岁。

他生前曾游清溪南边的阆山，曾对人说："这真是佛家的胜地，几十年后，我要在此现身！"宋高宗绍兴四年七月十日，雷火烧山，从早到晚火势不停，乡人赶到人迹罕至的石门，见有白菊一丛、姜三把，香炉袅袅生烟，上人或隐或现地端坐在那里，大家立刻在石门现身处为他建祠，名为"清水别岩"，他的弟子杨道并建真空塔为他安置舍利。

地方人士因他生前德泽广被，死后灵迹显著，奏报高宗，敕赐"昭应大师"封号，孝宗时又赐封"昭应慈济大师"，宁宗时加封"昭应慈济广惠大师"，明景宗时又敕封"昭应慈济广惠善利大师"。

目前在台湾地区以清水祖师为主的庙宇计有九十多座，台南县最多，而以台北市万华的祖师庙香火最盛。雕镂最美的则是三峡祖师庙。

妈祖

妈祖的正式尊号是"天上圣母"，是福建莆田望族九牧林氏后裔，在福建、台湾影响很深。可以说是台湾民间信仰最深的神，全省妈祖庙之多为全国之冠，仅次于观音菩萨。妈祖又有湄州妈、温灵妈、银同妈等分别。湄州妈就是"湄州妈祖"的分灵，温灵妈就是"泉州妈祖"的分灵，银同妈就是"同安妈祖"的分灵。妈祖名称虽然不一，事实上还是同一尊神，而信徒们都尊之为天后，因此她的庙又称天后宫。

据说天上圣母前世姓林，名默娘，是福建省兴化府蒲田县湄州屿人。她祖籍河南，历代高官。五代时兵荒马乱，她的曾祖父就弃官归隐于蒲田东南大海的湄州屿，自此落籍蒲田县。默娘的祖父承袭世勋，做过福建总督，很有政声。晚年辞官还乡，悠游卒岁，隐居而终。默娘的父亲为人敦厚，乐善好施，乡人都称他"林善人"，林善人由于只有一个男孩五个女孩，而男孩身体又单薄，因此夫妇两人希望再生个男孩。为此朝夕焚香膜拜观音菩萨，连续好几年。显德六年夏六月十五日，夫妇二人又斋戒沐

浴,再设香案虔诚默祷,当夜就梦见观音对他们说:

"你们林家世代积德,上天会保佑你们的。"

说着又拿出一粒药丸给他妻子,并且告诉她:

"吞下药丸,你就会如愿以偿,所生贵人,将会普度众生!"

他的妻子王氏依言吞了药丸,醒来之后,似乎有所感应,不久有了身孕。第二年三月二十三日傍晚,忽见一道红光从西北方射进王氏房中,光彩夺目,异香满室,王氏立刻分娩了。谁想到这次生的又是一个女儿,夫妇二人大失所望,但由于瑞兆俱在,依然倍加怜惜,这孩子直到满月也不曾哭过一声,因此林善人就命名叫"默娘"。

默娘自幼聪明过人,才七岁就说:"我既然有'默'为名,就应该有'静'的心。"

她喜欢在窗明几净的堂中独处,八岁入私塾,不但过目成诵,而且悟性深刻。十岁的时候她已经知道焚香礼佛、朝夕诵经。默娘十三岁时,出落得雍容华贵,她不但学识渊博,并且对父母至孝,对兄姐敬爱,邻里人人夸奖。这年有个老道士玄通到林家来化缘,默娘十分地欢迎他,并且奉献了许多果品香茶,因此玄通时常到林家来,默娘总是热心招待,奉献所有,老道士非常感动,就笑着对她说:

"你天生有慧根,应该慈悲为怀,超度世人!"

老道士传授给她"玄微秘法",默娘一听就领会了。

默娘十六岁那年,有一天在庭中游戏,看见古井的水澄澈如镜,就去照照自己的影子,不料这时突然出现一个神人,手执铜符,由井底升向空中。其他女伴吓得一哄而散,默娘却十分镇定跪下膜拜,神人就把手上的铜符交给默娘,飘入五彩云中去了。默娘得了神符以后,潜心研究,慢慢学会道术,能够通灵变化、驱邪救厄。她时常用法力来救助邻里，因此更受乡人爱戴。她十八岁那年，父亲遭遇海难，她奋不顾身地把父亲救了回来，并且澄清海水，找到兄长的尸体。

太宗雍熙四年，默娘刚满二十三岁。九月初八那天，她对家人说：

"明天是重阳节，我想去登高，清静一下，所以先来告别！"

家人没有注意，不料第二天，默娘一大早就起床梳洗，盛装严饰，告辞而去。她的姐姐也想一道去，被她拒绝了。临别时默娘显得依依不舍，大家都笑她小题大做。没想到默娘登上湄峰，如履平地，转眼之间，已经跃上云端。天边传来仙乐悠扬，笙歌嘹亮，在仙童玉女的簇拥下，她飘飘然升天去了。

默娘升天以后，时时显灵。常有人看见一位红衣女神，飞行海上，救助落难的人。湄州居民感念她的恩德，特地建庙奉祀，尊称她为"通贤灵女"，而一般人为了亲切，就称她妈祖。妈祖显圣的灵迹非常多，可以说每个朝代都有传闻，因此妈祖的信仰也越来越广，封敕也越来越多，清雍正四年追封她为"天上圣母"，道光十九年又加封她为"护国庇民妙灵昭应弘仁普济天上圣母"。

在台湾香火最盛的妈祖庙是云林北港镇的"朝天宫"，祭的是"北港妈祖"，民间所谓"北港妈祖、鲲鯓王爷"，可说是妇孺皆知。每年农历正月到三月的进香期间，总有几十万信徒组团拥向北港朝拜。

注生娘娘

注生娘娘在台湾俗称"注生妈"，是主司生育的神，专门保佑孕妇、产妇和婴儿，是过去妇女最崇奉的对象，因为在医药不发达的古代，生产是很危险的事。再者，在中国伦理观念中，认为"不孝有三，无后为大"，女人如果不给夫家生个儿子，甚至会构成"七出"之罪，被冷落、被赶回娘家。因此注生娘娘就成了她们祈祷生男以及保佑生产的尊神了。

关于注生娘娘的传说很多，各地说法也很不一致，其中以《建宁府志》的记述比较为一般人所接受。据《建宁府志》说，宋代徐清叟有一个媳妇怀孕十七个月还生不下来，家中正在万分焦虑的时候，忽然从门外进来一个妇人，自称姓陈，专门接生。她要徐清叟另外找一个房间，然后在楼房当中挖一个洞。她把孕妇安置在楼上，再令仆人拿棍子在楼下看守。不久之后，孕妇生了，但出人意料的，她生下的竟是一条白蛇，有一丈多长，从洞中溜到楼下，仆人一棒子就把蛇给打死了，孕妇这才得到平安。徐清叟非常高兴，他送给陈姓妇人许多珍贵的礼物，但妇人坚辞不收，只向徐清叟要了一条手帕，并且请他在手帕上题字："徐清叟赠救产陈氏"。又说她住在福州古田县，然后跨出门槛，转身不见。

不久以后，徐清叟调任福州，他派人找寻那个陈姓妇人，但是遍寻不获。后来听乡里人说，当地有一座陈夫人庙，乡下妇女难产，庙里的主神常常化身为孕妇救难，徐清叟到庙里一看，只见神像上挂着一条手帕，正是当年他送给那位陈姓妇人的那一条，因此他就向朝廷上表，请求赠予封敕。

在建宁府妇女人人都很信奉陈夫人，生产的时候，一定要供奉夫人的画像，生产之后，还要向画像拜谢。就因为这个缘故，陈夫人慢慢成了司产之神，大家就称她"注生娘娘"。

台湾妇女过去也都很崇奉注生娘娘，各庙都有她的神像，但是以她为主神的庙只有六座。现代医学发达了，信奉她的人自然也少了，但是在过去，她却是站在生死交界上的守护神，每一个人都要经过她，不问贤愚不肖、富贵贫贱，也许我们的祖先里就有不少是她护送来的呢！

月下老人

月下老人又称月老公，简称"月老"，在我国他是掌管婚姻的神明。

有关月下老人的来龙去脉没有完整的记录和一致的说法，比较完整的是《续幽怪录》里的一个小故事：

唐朝有个人叫韦固，年少未娶，他有一次投宿在宋城里遇见一个异人。这个异人坐在一个青囊旁边，在月光底下校书。韦固很诧异，就问他在看些什么，那人回答说：

"我在核对天下的姻缘簿！"

韦固发现他的袋子里有很多红绳，就问这是做什么用的，异人回答说：

"我用这些红绳来牵系夫妻的脚，纵使是仇家、纵使相隔万里，我也能把有缘的男女系在一起。"

韦固好奇，就问他谁将成为自己未来的妻子。异人说：

"你的妻子是这个客栈北边卖菜陈妪的女儿！"

十四年以后，韦固任相州参军，刺史王泰将女儿嫁给他，年纪有十六七岁。韦固心想那个异人当年的预言有问题了。婚后他的妻子对他说：

"妾是郡守的侄女，我的亲生父亲早死了，那时我还在襁褓中，奶妈每天靠卖菜维生。"

韦固追问她父亲死在何处，奶妈又是何人。回答是：她父亲死于宋城，奶妈是宋城的陈妪。韦固笑了——千里姻缘一线牵，他到底没有脱出异人的红绳。

宋城宰知道了这件事，就把那家客栈定名为"定婚店"，那位牵红绳的异人，从此就被称为月下老人。

台湾民间对月下老人也颇有信仰，平常管做媒的人也叫月下老人。台南的重庆寺里还供有月老的神像，据说香火很盛，不少青年男女前去求婚。

值得注意的是，在西洋神话中，司婚姻的是个小孩，持了箭的顽童丘比特，在中国司婚姻的却是个老头。丘比特用利箭射穿恋人的心，月老则用红绳牵住男女的脚。中箭比较刺激，是一种激情；牵线则比较温和，注重义务。顽童比较有活力，老人则比较有智慧，不容易出问题。从婚姻大事的神话里，也可以看出东西方文化的差异。

然则不论东方西方，不论顽童或老人，我们总希望爱情甜蜜、婚姻稳固。智慧的中国人故意把姻缘簿交给一个老人在月光下核对，当然知道他难免有牵错红线的时候，因此过去社会里确有不少不幸的婚姻，现在风气开放了，不论男女都可以自由选择意中人，月老的红线还有效吗？我们不知道，但是相信人人都有一个希望，就是：

愿天下有情人，都成了眷属。
是前生注定事，莫错过姻缘。

下篇

论中国的神仙思想

下篇 论中国的神仙思想

神仙思想是世界性的而不只是地区性的，任何古老的民族几乎都有神仙的信仰和传说。希腊的古瓶、埃及的墓壁、玛雅的神殿、印度的庙宇中都留有大量的神仙形象，直到二十世纪的今天，非洲大陆和太平洋许多岛屿上的原始部落中仍然留存着各式各样的神仙信仰，神仙思想几乎和人类历史同其久远，流传的范围和人类活动的范围一样广大，因此几乎可以说：在古代，有人的地方就有神仙，有文字出现就有神仙的记载。甚至可以说，神仙比文字、比人类还要古老，因为在大部分的传说和信仰中，神仙是超文化、超历史、超人类的一种存在。但值得注意的是，神仙思想的超越性、普遍性并不意味着神仙思想的一元性，换言之，神仙虽然有某些通性，但是这并不等于说，神仙思想出自一个来源、一个系统。神仙本身也许具有超乎人类感官经验以上的境界，但是他之为人类所认知，还是要透过人的经验才有存在的可能。而人的经验有种种主观的限制，民族的、历史的、地理的、文化上的种种差别也就加之于神仙之上，成为神仙的差别相，这些差别或许并不是神仙"先天的"差异，而是"后天的"人为的结果。"神是人所创造的"，这句话或许是唯物论者的一种观点，任何事物，包括神仙，究竟是要"通过"人才能成为历史文化的事实。因此，在"通过"的过程中，神仙的差别相就自然而然地显露出来了：希腊的神祇群居在奥林匹克山上，他们尽管神通广大，却仍然不脱人性的种种弱点，有爱有恨，甚至争风吃醋、好勇斗狠。埃及的神祇则是另一副面目，他们固然有超人的能力，然而在造型方面却常是人与兽的综合，比如人面狮身就是最典型的例子。印度的神祇主要是自然力的象征，或主创造或主破坏，都掌有生杀大权，表现于外的则是三头六臂、多手多眼的形状。这些神祇不论外形和内涵都有显著的差异，这些差异的复杂程度是不能简化成一元论的。神仙的最大公约数，在于他们都有超人的一面，但如何超越法就有种种不同，造成这些不同的是文化因素，而文化的特色也就成了神仙的特色，希腊神祇反映了希腊文化，埃及的反映埃及文化，印度的反映印度文化，同样地，中国的神仙反映了中国文化。

神仙思想的来源在中国有普遍的世界性，也有独特的民族性。在普遍性方面，任何神仙思想都建立在超越的宇宙论上面，也就是说，它的前提是承认在尘世之外还有一个更高的境界和更高的意志，这境界和意志不但高于人，甚至对人拥有主宰力和影响力。这种境界在不同的文化中有不同的说法，希腊是奥林匹克山、印度是梵天，在中国则有昆仑山的传说。这些世界不但超越时空、自成体系，并且可以化成某种生命形式在人间出现。神仙思想的第二个条件是，假定凡人具有超越生物限制的潜能，并且能够和那个超越世界保持接触。《荷马史诗》中的英雄死后成神，可以登上奥林匹克山，印度的瑜伽行者可以直上梵天，中国的仙人则可以登上昆仑山……即使不然，他们也仍然具有超人的能力，这些能力经常以法术的姿态出现。以上这两个假设：超越世界的存在和人类内在的超越性是任何神仙思想的共同基础。对于中国而言，从超越世界来的生命称为神，由凡人经过转化而成的超越生命则称为仙。换言之，由天而人的是谓神，由人而天的是谓仙。

中国的神仙最早的来源应该是自然崇拜，这是上古时代一个普遍的文化现象。所谓自然崇拜，就是相信这个大自然的现象背后，处处有一种人格化的精神存在，人类虽然看不见他们，但是他们却影响、支配人的生活。皇天后土、五岳四渎、日月星辰、风雨雷电等都有某种精神在暗中掌管或代表某种意志的表现。先民由于生活依赖自然，无形中对这些神祇产生敬畏之情，为了感谢养育之恩，为了趋吉避凶、禳灾祈福，敬畏就变成了崇拜。崇拜需要偶像，需要把自然现象拟人化，于是就演变出许多具体的人形神祇。天公、土地、风神雨师、雷公电母、山神河伯、南极仙翁，甚至石头公、大树公等，这些无非都是自然崇拜所产生的具体神祇，古代天子要封禅祭天，民间婚礼例拜天地，直到现在，全国各地到处还有土地庙，拜天公的风俗也沿行不辍。这是神仙思想的第一个阶段，在这个阶段里的神可以称之为"自然神"。

　　神仙思想的第二个阶段，是由自然崇拜演变到文明的崇拜。当先民慢慢脱离了茹毛饮血的原始生活形态，有了文化的发明创制使生活大为改进，于是原来对自然的崇拜转而为对这些发明人、创造者的崇拜，甚至于成为对这些文明制作本身的崇拜。前者如发明住的有巢氏，发明文字的仓颉，发明丝的嫘祖等，在后人心中都奉之如神。在制作物方面，如灶神、财神、门神、桥神等都是，这些神虽然已经不为现代观念所认可，但是它已经成为民俗的一部分，在广大的民间依然受到普遍的信仰。对于这些信仰，现代中国人虽然在理智上不能公然承认，但是感情上却也并不断然否认，甚至在潜意识里还给他们留了一席之地。比如一些地方每遇有修桥建屋之类的工程，照例都要鸣炮致敬、行礼如仪。而一般商家之供奉财神更是最普遍的现象。除此之外，在政治制度成立之后，凡对邦国社稷有功的也都奉为神明。远的如三皇五帝，近的如文圣武圣，再有在社会分工开始以后，各行各业又奉有行神，如工匠拜鲁班、伶人拜唐明皇，直到现在一般商人都还奉关公为财神。这是神仙思想的第二个阶段，在这个阶段里的神又可以统称为"文明神"。

自然神和文明神虽然是两个不同阶段的产物，但是两者产生的原因却是一样的，它们都是民俗的自然产物。用人类学的说法，他们都是属于广大人群的所谓"小传统"的集体共识。当文明演进到一定的程度，社会阶层化开始，于是有了治人和治于人的两种区分，同时专业的知识分子也随之出现。掌握治权的贵族基于统治的需要，而利用这种民俗信仰作为安定社会、治理民众的一种方式。《易·系辞》所谓"圣人以神道设教"，《中庸》说"神道设教"，都是这个意思。在神道设教中，最重要的角色是所谓的"巫"和"祝"，据《国语》记载，巫祝早在三代就有了，巫祝都是能够通神的人，再仔细分别，则巫是能够被鬼神附体的，而祝则是能以美妙文辞取悦鬼神的。换言之，巫是迎神的，祝是送神的，而两者都是人与神的中间媒介，类似今人所称之"灵媒"。灵媒的存在，证明了有限的凡人具有和无限精神沟通的能力。由于这种沟通，使人知道在现实世界之外还有一个超现实的世界，并且知道在这个世界里有许多超越的生命。这一个事实给予知识分子一种影响，于是产生两个结果，一是刺激了文人艺术家的想象，提升了他们的境界，比如屈原的《离骚》《九章》中就有大量的游仙场面。二是扩展了思想家的宇宙观、人生观，因而发展出天人合一的思想，最显著的当然就是道家，特别在庄子《南华经》里出现了至人、真人、神人等各式各样超凡的生命。以道家的理论基础加上文学的想象，神仙思想因而正式为上层社会所接受，成为大传统的一部分，神仙思想于是风行天下。战国时代，齐国由于固有的学风倾向黄老一派，"稷下之士"俨然是一个学术重镇，所讨论的学问多为天人之际的玄理，当时齐国的邹衍，依据阴阳之理，创五行之说，又有延命方和神仙术，俨然被视为神仙，而齐国的地理环境依山傍海，又助长了虚无缥缈的气氛，于是在地理与人文的交相激荡之下，产生了所谓的"方士"，也就是能够借人力而超形骸、通变化的"大法师"，如《战国策》中有人献不死之药于荆王，《韩非子》中有教燕王不死之道者。其中最有名的当属徐福，他劝说秦始皇，偕童男童女数千人入海求仙，一去不返。在先秦战国时代，求仙已经是诸侯间的一种风气，不论民间或知识分子，神仙思想都对他们起了一定程度的作用，换言之，神仙思想由自然崇拜、人文崇拜的民俗演进为一套观念，不但有群众基础，也有官方支持，并且渐渐成为有系统的理论，上层社会的大传统和下层社会的小传统都已经承认了它的价值地位，从此深深影响了中国文化。

西汉崇尚黄老之学，神仙思想也随之继续发扬光大，汉武帝尤好神仙，他曾向李少君问长生术，齐少翁、栾大也曾以鬼神进说。诸王方面，淮南王刘安及其宾客所著《淮南王书》中，也讲神仙黄白之术，民间传说淮南王炼丹成仙，并且鸡犬升天。学者方面，刘向作了《列仙传》，述赤松子等七十一位仙人，以证明神仙事迹之不诬，这是为神仙正式立传的第一本书。此外，在《汉书·艺文志》当中也列有神仙家。有理论、有事证，可见神仙之说在西汉已经正式成为官方认可的历史事实。到了东汉，于吉造《太平经》，在一切仙术外，又加上了帝王致太平以及善恶报应之说，这是道士有正式经典的开始。后来张道陵在鹄鸣山修道著书，将各种仙术共一炉而冶之，成为第一个集大成的人物，同时他

神仙传：造化的钥匙

广招信徒，各以五斗米为入会之资，因此世称"五斗米教"。他不但自己俨然以教主自居，他的子孙也相继修道。陵称天师，其子衡称嗣师，孙鲁称孙师，所以又称"天师道"，代代相传，信徒日众，终于成为一个有组织、有传承的正式宗教团体。天师道在魏晋非常盛行，王羲之、陶渊明都受过影响，朝廷方面也予以承认，影响之大，举国风从。这是道教的开始，直到现在还不绝如缕。

从道教成立以后，神仙思想便以道教为主流而发展出一定的方法和传承。修道的目的自然是要成仙，而修道的方法则可以分为炼养、服食、符箓、术法、科教等诸多种类，炼养主要就是借由身心的修炼，脱胎换骨，返璞归真。服食则是靠吃丹药来变化气质，去芜存菁。术法则是研究星相、堪舆、占验等法术以求先知先觉。符箓则是借画符来趋吉避凶或役使鬼神的方法；科教是讽诵经文，借修善积德以上格天心。其他的方术还有很多，比如隐形幻化、呼风唤雨、水行土遁、点树还阳等，多彩多姿，不一而足。

道教本身在魏晋之世出了两个重要人物。一是魏伯阳，他著有《参同契》，是修炼理论化的第一部著作。一是葛洪，他著有《抱朴子》，对各种修炼、药草、符咒等从理论到实践都有完整翔实的研讨。《参同契》和《抱朴子》的出现，为道教和神仙思想奠定了理论基础和实践方法，影响神仙思想既深且巨。到了北魏的寇谦之，自称得老君真传，一扫五斗米教的陋习，复以各种道法奏之北魏世祖，宰相崔浩劝帝崇信，因此在平城建道场，声势浩大，深得世祖信任，自称太平真君，竟然排斥佛教，俨然成为一代国教，后来佛教的三武之祸多因此而起，唐代帝王姓李，特尊老子为玄元皇帝，为之建庙。太宗、高宗、玄宗、宪宗、武宗等都信之甚笃，甚至服食丹药。当时道教的大学者有孙思邈、司马承祯等人，诗人李白也是道教徒，他自称"谪仙"，诗中充满神仙意境。唐末五代，天下渐乱，而道教不断，陈抟隐居华山最负盛名，在他的思想影响下开宋代理学，影响极其深远。宋代道教的出名人物有吕纯阳、张君房、林灵素。宋徽宗信道极深，宣和元年改称佛为大觉金仙。

道教在辽金之世又分为南北二宗，北宗号全真教，南宗号正一教。全真教又分南北二派，北派教祖是王重阳，他传道邱处机、马钰、王处一、谭处端等。南派教祖是刘海蟾，他传道给张伯端、石玄秦、薛道真、陈楠、白玉蟾、彭耜等人。两派教祖王重阳和刘海蟾都受教于异人吕纯阳。北派重炼养，南派则兼重服食。清代学者刘献廷《广阳杂记》中说"南宗不言性、北宗性命兼修"，还有一个重要的区别是：全真教不蓄家室，授徒传道系出家道士。正一教则天师世袭，在家修道，又称"火居道"。二宗虽有这些不同，但基本教义则一。除南北二宗外，还有真大教、武当道、清微派、龙门派等分派分支，主要是修行的方法各有偏重，而道教本身的宗旨还是一以贯之的。在道教有系统的传扬下，神仙思想更是深入民间，成为普遍的精神信仰，影响中国文化至深且巨。但需要注意的是，道教并不能涵盖神仙，道士之志固在成仙，然而在道教组织或私淑之外，还有无数的神仙传说流行在广大民间，更有无数的隐士自修成道，而不属于任何道教系统，也一样受到民间的崇仰。再者，民俗中的许多神仙也多与道教无关，不可混为一谈，原始宗教的天地神祇尤其早于道教、影响道教，个中的因果本末不容颠倒参差。总之，神仙思想可以包含道教，而道教并不能包含神仙思想。道教的成立只能代表中国人对神仙思想有意识的自觉和有系统有方法的努力,道教只是神仙思想的一个部分,一个非常重要的部分,但绝不是全部。全部神仙思想除道教外,还包括了原始宗教、民俗信仰、历史人物、神话传说,甚至包括了佛教的高僧菩萨、儒家的先圣先贤和小说戏曲中的英雄豪杰,以及有功于民间的功臣循吏、孝子烈妇,这些整个加起来的总和才叫神仙,它是中国人的"最高价值群","神仙"就是这个最高价值群的代号。因此减去道教,神仙思想并不受影响,但加上道教,却使神仙思想更明显更突出,也有更精致的发展,所以介绍道教,正在于它这一方面的价值。

综览神仙思想的发展,从自然崇拜、人文崇拜、神道设教到文人的想象、学者的反省、方士的宣传,最后演变出有组织的宗教,再由道教分出各门各派。在这个过程当中,有传承有发明,有沿革有综合,但大体而言,在方士出现以前,是"神而人",也就是借着灵媒使神道显化,这是"由上而下"的下行方向。在方士以后,则是由人而神,也就是借助各种修行方法,化腐朽为神奇,超凡入圣,这是"由下而上"的上行方向。下行的神而人和上行的人而神可以视为神仙发展的两个阶段,也是两个系统。前者主要是民俗,后者主要是宗教。民俗的神道多半出自传说,道教的神仙则大多出自人为的努力。也可以说,人是受了神的感动和激励而奋起直追,力争上游。这份自我超越的精神是可贵的,也是推动人类文明的主要力量。我们今天也许不再相信神仙思想中的迷信成分和仪式教条,但是这份自我超越的内在精神却是不容忽视的。当然,我们可以指出它许多缺点流弊,特别是承袭了原始宗教的那些理性部分,比如迷信、禁忌、享乐主义、阴谋奇术以及定命论、虚无主义和不合理的修行法等,这些也正是它最受人攻击之处,我们不必为之曲设辩词,但是神仙思想源远流长、错综复杂,就像黄河万里、挟泥沙而俱下,其中不免龙蛇杂处、鱼目混珠,但是就如黄河终为中国之命脉,其价值绝不因泥沙而稍减,神仙思想的价值也不因其末流支派的畸形变态和种种流弊而一笔抹杀。在这几千年悠久的发展过程中,神仙思想本身有改革也有净化,同时它受了各种其他思想、宗教的冲击和挑战,也丰富了它的内涵、扩大了它的境界,特别是在儒佛两种信仰的攻错下,最后竟慢慢互相影响消化,而浸浸然完成三教合一的思想大整合,影响北宋以后七百年的理学心学就是最具体的代表。直到现在,几乎每一个中国人都是这种"三合一教"或"混合教"的信徒,比如"龙凤鳞龟"四灵的象征,福禄寿的意象、阴阳五行的说法,星相卜筮之术、各门各派的国术(功夫)、民间的节庆风俗,如重阳登高,端午插艾,过年放炮,各种行神、各种禁忌、婚丧仪式、时辰吉凶,以及积德余庆,天人感应之说……这些多半与神仙思想有关,在过去它深入广大的民间,成为一种风俗习惯和行为规范,并且塑造了中国的民族性、凝结了中国人的向心力。直到现在,虽然进入了科技时代、太空世纪,但是在我们的集体潜意识中,神仙思想始终还保有它一定的地位,发挥一定的作用。科技的进步,非但不能否定其价值,相反地,它有许多过去不受注意的价值反因科技而被重新发现认识,重新肯定。最著名的,像英国学者李约瑟对道教的研究,写成《中国科技史》,他自称其研究著作的目的在于为道教平反、讨公道,而道教的这些贡献又不能不追溯到神仙思想——也就是中国人想要成仙的努力当中。今天我们要为神仙思想"论功行赏",也必须由此以进,才能见其高处大处。究竟神仙思想对中国文化有些什么贡献呢？要而言之，约有以下五项：

一、增进了中国文化的活力和潜能

根据李约瑟的研究，道教至少在数学、医学、化学、生物学、天文学、地质学、生态学等各种自然科学都有相当的成就。我们不妨假设，这些初步的成绩如果得到鼓励、不断发展，则中国的科技必不致落后于近代西方，而中国在近代也不致为西方的坚船利炮所败，而导致近代的民族大悲剧。因此，过去一般学者认为道教是道家的堕落，在今天看，这个说法似乎应该倒过来，至少也应予以大幅的修正。道教对"形而下"之道的努力正可以补足并完成道家"形而上"的玄想。也可以说，道教乃是实践之学，它努力将主观的理念客观化，使之成为可以用知识掌握、用经验触及的客观存在。而这种客观存在又可以化抽象为具体，而为众人所接受，具有社会的意义，成为天下的公器，因而发展成有系统的学术，持续地进步发展。可惜的是，中国传统中对"形而下"的忽视，结果反阻碍了"形而上"的实现，事实上，形上形下乃是道的一体两面，即物而体道，因道而御物才是比较健康的态度。儒家说"利用厚生""戡天役物"，这些理想反倒在道教中得以部分实现。如果道教能在这方面多加用功，并且配合正统儒家的理论支持，则中国文化一定是另一番局面，更开阔、更落实、更活泼，更具有多方面的可能性。中国的锦绣江山也能变化出更多物资、食粮，同时中国土地上的广大百姓也能享受更合理的生活，真正达到"地大物博、地灵人杰"的理想境界。

二、提高了中国文化的意境

　　神仙的超越性，首先建立在道德的超越性上面，不论神人、真人、至人、圣人……这些都说明道德的无瑕和精进的程度。世间不但没有邪恶的神仙，甚至也没有无知的神仙。神之所以为神，正在于他是恶或魔的相对者。神一开始就是人类善性的投射，然后经过折射之后，再反过来要求凡人见贤思齐，经过修行积善而上登为仙。在道教兴起以后，行善积德正式成为修仙的条件和"课程"，比如过去在民间最流行的《太上感应篇》就明白指出，"欲求天仙者当立一千三百善，欲求地仙者当立三百善"。道藏中又有所谓"学仙非难，忠孝为先"，也是这个意思。老子的书叫作《道德经》，可见神仙必须以德为本，而神仙的品位也因修德的程度以分高下。至于民间信仰中的神明像关公、妈祖，也无非是忠孝节义这些基本道德的具体象征，我们不要小看这些无法"实证"的信仰，它们在历史上维系风俗人心方面发挥了不可估量的作用，其效果之深入普及，恐怕还要远超过儒家经典中的抽象观念。尤有进者，民间所奉祀之神，不仅是儒家价值观的延续，同时它本身也有伟大的创造性，往往在现实中受屈挫败的贤哲英雄，只要他确有功德于社会人群，民间迟早会奉他为神，这不啻表现了历史的公道，更培养了民风的厚道，所谓"不以成败论英雄"，这份公道和厚道，在民间信仰中确实得到了有效的维持。

三、刺激了民族的想象

中华民族由于久处中原，地理环境的天然限制，使中国文化偏向现实主义。神仙思想的兴起突破了这种限制，扩大了中国人的心灵世界和物质世界。首先，它打破了儒家"人本"的限制，把人类中心扩大到自然全体，因此我们才能在道教思想中发现科学的初形；其次，它打破了现世中心的观念，揭示了"人外有人，天外有天"的宇宙大观，甚至打破了时间的绝对性，提出时间的相对性，所谓"洞中方七日，世上已千年"，二十世纪的相对论在千年前的神仙思想中已得到证明；最后，在艺术方面，由于时空范畴之开展，给予艺术创造以无限的自由和灵感。不但物体可以脱离地心引力而自由飞翔，空间的开展也挣脱了视觉的局限，人已经可以自己安排事物的秩序，而随心所欲、变化自如。比如山水画中的三远——平远、深远、高远等各种角度的面面观可以同时出现，而人之骑鱼跨虎这些神奇的画面都可以被人接受了。而最重要的是，在神仙思想的影响下，中国艺术特别强调"脱俗"的观念，这便造成中西艺术的绝大差异。天人合一的和谐宇宙观也正是中国艺术的传统精神所系。

四、减轻了专制的压力

固然很多人批评神仙思想所给予帝王的坏影响，比如秦始皇、汉武帝都曾为"神仙"所误，然而所谓"神仙"也有真假良莠之分，我们不能以偏概全。再者，偾事的常是方士而非神仙，我们不能混为一谈。最主要的还是帝王本身欲望的无限扩张才是问题所在。事实上，神仙思想的发展到后来已经将早先民俗中的迷信成分和方士为了迎合帝王的野心的胡说加以纠正和净化。固然它维持了一个令人向往的超越世界，但是这个世界是建立在道德的超越性上的，换言之，要成仙上天，必先惩忿窒欲，修身养性，它不但不是人欲的扩张，反而是人欲的涤荡升华，所以它是"反人欲"的。天是天理，仙人就是天理的实践、人欲的克服。因此神仙的真谛只是修道，和帝王的野心完全背驰，不至于助纣为虐，为虎作伥。再者，天高于地、高于人间，仙高于人、高于帝王，因此对于高高在上的所谓"天子"，仙是唯一可以不受其统治，甚至可以接受帝王的礼拜。在万人之上的帝王可以肆无忌惮地作威作福，但是由于有一个天、仙在上面，不但帝王之尊打了折扣，帝王的思想行为无形中也有了一个约束。在天道神仙的鉴临下，帝王的绝对权威是站不住的，这在封建专制时代里，无形中发挥了威慑作用。自古以来，爱民如子，朝乾夕惕的圣君究竟不多，但是由于有个天道可畏，帝王的淫威多少受了限制。道家"无为而治"的思想其实和虚君立宪的民主精神颇有暗合之处。抑有进者，在历史上有不少得道的高士，对帝王提出批评，或为民请命或讥刺朝政、预言灾异等，都直接地发挥了监察的功能，使百姓受益于无形之中，这份贡献并不亚于儒家。所不同的是，道家的方式更神奇莫测，更不显痕迹罢了（这些例子在本书中随处可见，兹不列举），说道家不关心民生疾苦实在是皮相之论。比如元代的邱长春，他被成吉思汗奉为神仙，因而能受其教化，助其行道；而邱长春因此能借着道教，使汉民族文化在腥风血雨中留下一脉香烟，同时也以道的思想，减轻了蒙古铁蹄对中原的蹂躏，他对成吉思汗所说的"敬天爱民"，几乎是汉民族文化得以延续的四字真诀，厥功岂不伟哉！

五、凝聚了民族的精神

　　神仙思想原是从民俗中来的，它保存了大量的民族记忆、文化遗产，"生为圣贤，死后封神"的观念也有力地保卫了文化的价值观念，从大江南北、长城内外的各个庙宇，我们几乎可以看到一部活的中国历史、活的文化发展史和活的民族保卫史。每一个庙堂都是中国文化的坚强堡垒，是整个民族的精神寄托，这一点我们只要读一读苏东坡的《潮州韩文公庙碑》就会留下深刻印象，它不但影响了士大夫，成为他们思想的指引、人格的典范，同时它更将儒道佛三种思想凝聚成一种信仰，在民间发挥了深广伟大的教化作用。所谓"三教合流"也许只是一种漫然的混合、粗糙的信仰，但它毕竟是一种整合、一种信仰。在目不识丁的群众眼中，孔子周公是神、玉皇王母是神，观音地藏也无不是神。神的品位、"派系"固然千差万别，但其为神则一，因此不论他们是谁，他们的道德言行都影响了社会、教育了民众，并且和民俗结合起来，成为一种普遍的民族精神和深刻的民族意识，给整个民族一个认同的焦点。这一点不但表现在许多年节风俗中，最值得大书特书的，是每当民族沦亡、文化陵夷之际，许多志在匡复的秘密结社、地下组织常是在这种宗教团体中繁衍起来的。像元末朱元璋曾以白莲教号召，清末的天理教、三合会等都是，虽然这些民变常遭误用而成教匪，然而其中确代表一股民族的元气。特别是在朝代鼎革、天下大乱之际，道教也每每扮演一个积极有力的角色，感动豪杰、号召民众，每能拨乱反正、澄清宇内，其所以致此，因为它是一个有群众

下篇　论中国的神仙思想

基础的信仰，当儒家的理性主义不能维系乱局的时候，自有这种超乎理性的力量由下而上地摧枯拉朽、重建秩序。像鬼谷子、黄石公、张良、陈平都是道术中人，宋之陈抟、元之邱长春，明之张中也都是道士，因此有所谓"道家打天下，儒家治天下"之说，道教不仅消极地保卫了文化，更积极地创造了历史。在乱世，它常比儒家更能应变、进取，这也许就是"无为而无不为"的妙用吧！儒能守常、道能达变、佛能治心，这三者的结合不但在上层社会形成了理学心学的大传统，影响中国思想界近千年，三教合流对民间的影响更是千秋万世。即使在今天，我们每一个中国人基本上都是三教的信徒，所不同的，不过是三教成分的比例轻重罢了。我们随便一游各地的寺庙，几乎都可以找到各人所崇敬的本尊。一个庙里同时供有儒道佛各种神像，这并不可笑，中国文化之博大高明、海涵地负的气象实已表露其间。揆诸史乘，舍中华民族外，实没有第二个民族能有这种胸襟雅量、这种气魄力量！而这一种精神整合的完成，必将是世界大同的基础和先声。英国大史学家汤因比在其十巨册的毕生大作《历史研究》的尾声中遍举古今中外的圣贤豪杰为之祈祷，他心目中的这座宏伟庄严的万神殿也许只有在神州大地可以实现。

最后要声明的是，神仙的理论不是本书所要探讨的，神仙的事迹也非本书所欲考证的，但是借着神仙故事，多少有助于了解神仙思想的意义和价值，如果有人要以科学主义或考证态度来批评，那么本书恐怕要令他失望了，事实上科学主义和考证本身也自有其使用的范围和极限。本书无意成一本学术论著，只想深入浅出地将神仙故事用新的词汇和新的观点加以重述，进而将这些故事背后的潜德幽光加以阐释发扬。微言大义常在满纸荒唐之间，这特别

神仙传：造化的钥匙

需要读者有一份同情的了解和言外的会心。神仙故事是一出热闹戏，却也是一出饶有深意的热闹戏。但愿"不懂的看热闹，懂的看门道"，果能浅者见浅、深者见深，各取所需、各得其乐也就于愿足矣。

曲终奏雅，到底神仙的意义能不能一言以蔽呢？笔者大胆为进一解：一种文化的本质、一个民族的前途可以由一个最简单的地方看出来，那就是，看它最后想变成什么。这一念决定整个民族文化的格调和方向，就像这一念决定一个人的一生一样。中国人最后想的是封神成仙，是不朽，而英雄豪杰、君子圣贤还不过是其条件和过程而已。神仙对一般人而言也许是难以实现的梦，但它是民族的大梦，这个梦三千年来不断地支持了我们、安慰了我们、激励了我们！歌德说："我闭上眼就做梦，睁开眼就看见责任。"对于中国人而言，责任就是儒家，梦就是道家和神仙吧！如果我们要用一个字来总结责任和梦想，那最好的说法就是"志"吧。"诗言志"，如诗一般的神仙故事不正是中国人之志的最佳写照吗？神仙的意义正要从这个"志"字上去了解、去体认。西方有一种说法，认为"人吃什么就是什么"，亦即"食物造成一个人"，对于这种唯物的偏见我们要把它改过来说——"人想什么就是什么"，亦即"志向造就一个人"，如果这个说法幸而成立的话，神仙的意义就可以一言以蔽了！那就是它表现了中国人的志，表现了中华民族最深的和最高的志。